まえがき

　社会心理学では，社会的環境が人の心理過程や行動に与える影響を実証的に研究する．本書はこのような社会心理学の入門書であるが，従来のものと大きく異なった点がある．それは，文化，とくにアジア文化の視点に基づいていることである．そのため，単なる欧米における研究の紹介ではなく，アジア的な文脈の中で，欧米における理論や知見の一般性を批判的に吟味している．

　このような本書の方針は，最近の学会における傾向を反映したものである．従来，欧米，とくにアメリカで提案された理論はどの文化でも当てはまるものとみなされていた．しかし，当然のことであるが，社会心理学で扱う社会的要因は文化と密接に関連している．たとえば，集団の機能にしても，アメリカと日本では大きく異なっている．したがって，個人の行動に与える集団の影響は，このような集団のあり方の違いを無視してはよく理解できないであろう．一般に，社会心理学における理論あるいは知見は，文化的な文脈において理解されるべきものである．実証的な社会心理学では，自然科学的な方法が用いられてきたため，そのような方法で得られた知見も自然科学における知見と同様に地球上のどこにおいても同じはずだとみなされてきたが，現在こうした前提の見直しが行われている．

　もちろん，西洋人も東洋人も同じ人間であり，共通する点は多いはずである．だからこそ，ある文化の中で創造された芸術作品が他の文化においても高く評価されることになる．日本画や日本文学，映画など，海外で高く評価されているものは多くある．また，言うもでもなく，明治以来日本人は積極的に西洋文化を取り入れてきた．こうしたことは，欧米であろう

が東洋であろうが，人の心はひとつであることを示唆しているようにも見える．

　本書の基本的な立場は，実証的な研究によって，文化を超えた人の心の共通性を理解すべきだというものである．人の心のどのような側面も，文化を超えた一般性をもつ，という前提はおかないが，同時に，人の心には文化を超えた共通性がない，という立場もとらない．どこまでが共通していて，どこからが文化によって変動するのかは，実証的な研究にもとづいて明らかにされるものである．

　このような趣旨のため，国際的な研究をされている日本人の研究者だけではなく，韓国および中国の研究者にも分担執筆をお願いした．韓国人や中国人の考え方が，欧米人と異なるだけではなく，日本人とも異なった点があることを理解できるであろう．

　なお，本書は放送大学の印刷教材として使われてきた『社会心理学——アジア的視点から』（放送大学教育振興会，1998年）に，2つの章（第5章と7章）を新たに加え，さらに従来の章もその多くは新しい展開を含めるよう改稿したものである．したがって，前書の増補改訂版と理解していただいてよいと思う．

　最後になったが，本書の刊行にあたっては，東京大学出版会編集部の後藤健介さんに大変お世話になった．ここに記して，感謝したい．

2003年4月
山口　勧

社会心理学——アジアからのアプローチ・目次

まえがき————————————————————山口　勧　*i*

1　アジアの社会心理学へ————————————山口　勧　*1*
　1.1　社会心理学の成り立ち　*1*
　1.2　アジア的な社会的行動の例
　　　——アジア人は認知的不協和を経験するか　*3*
　1.3　アジアの社会心理学の必要性——固有文化心理学と文化心理学　*8*
　1.4　学会レベルでの協調　*10*

2　研究法入門————————————————山口　勧　*15*
　2.1　研究方法　*16*
　2.2　研究の論理と倫理　*24*
　2.3　研究の進め方　*26*

3　個人主義と集団主義————————————山口　勧　*29*
　3.1　集団主義の国際比較　*30*
　3.2　個人の集団主義的傾向　*33*
　3.3　集団主義および個人主義と関連した行動傾向および認知傾向　*36*
　3.4　集団主義と個人主義の分類　*38*

4　「自己」への文化心理学的アプローチ
　————————————————————————北山　忍　*41*
　4.1　自己と文化　*42*
　4.2　認　識　*44*
　4.3　感　情　*46*
　4.4　動機づけ　*48*
　4.5　結　論　*49*

5 文化と関係性 ――――――――――――――― 村本由紀子 51

- 5.1 心理プロセスの文化差と，関係性の視点　52
- 5.2 関係性に応じた意味の体系　54
- 5.3 さまざまな関係性の存在　56
- 5.4 関係性としての文化　58
- 5.5 まとめ　61

6 文化の継続性 ――――――――――――――― 嘉志摩佳久 67

- 6.1 理論的枠組み　68
- 6.2 個人内および個人間の象徴過程　70
- 6.3 個人内の象徴過程と行動過程の相互関係――自己概念について　73
- 6.4 個人間の象徴過程と行動過程の関係――他者概念について　74
- 6.5 人間観と文化の継続性について　75

7 集団間関係と社会的アイデンティティーの文化的視点 ――――――― ジェームズ・リュー 81

- 7.1 現実的集団葛藤理論　82
- 7.2 社会的アイデンティティー理論　85
- 7.3 文化と葛藤　88
- 7.4 歴史の社会的表象――支配から解放へ　90
- 7.5 表象，集合的記憶，アイデンティティー，そして政治の間のダイナミックス　95
- 7.6 結論　96

8 グループ・ダイナミックスの理論 ――――――――――――――― 杉万俊夫 101

- 8.1 グループ・ダイナミックスとは　101
- 8.2 グループ・ダイナミックスの概念と理論　107

9 文化とコントロール志向 ――――――― 山口　勧 115

- 9.1 コントロールの対象　116

9.2　コントロールの主体　*119*
　　9.3　アジア的コントロール　*122*
　　9.4　コントロール選好の文化差　*125*
　　9.5　コントロールの感覚　*126*
　　9.6　まとめ　*129*

10　信　頼 ──────────────── 山岸俊男　*131*
　　10.1　日本社会は「信頼社会」か？　*131*
　　10.2　社会的不確実性とコミットメント関係の形成　*133*
　　10.3　関係の閉鎖性と「内集団ひいき」　*135*
　　10.4　相互コントロールと信頼　*136*
　　10.5　集団主義社会の均衡を崩すコストの増大　*140*
　　10.6　社会的知性としての信頼　*142*

11　甘　え ──────────────── 山口　勧　*147*
　　11.1　「甘え」と何か　*147*
　　11.2　「甘え」という言葉の使い方　*149*
　　11.3　日常語としての「甘え」の定義　*153*
　　11.4　無条件の愛情や好意への欲求とコントロールの欲求　*153*
　　11.5　甘えと依存　*154*
　　11.6　甘えと愛着　*157*
　　11.7　まとめ　*160*

12　紛争解決 ──────────────── 大渕憲一　*163*
　　12.1　対人葛藤　*163*
　　12.2　社会制度と紛争解決　*169*

13　中国人の社会的行動 ──────── 梁　覚・井上ゆみ　*173*
　　　　中国文化におけるグループ・ダイナミックス
　　13.1　歴史的・地理的条件　*173*
　　13.2　環境への適応ストラテジー　*175*
　　13.3　集団主義　*179*
　　13.4　対面の重視　*181*

13.5 まとめ　*190*

14　韓国人の社会的行動　————————金　義哲　*193*
恨と我々意識
14.1 恨の概念　*194*
14.2 恨の語源　*194*
14.3 恨のエピソード（1）　*195*
14.4 恨のエピソード（2）　*196*
14.5 恨の段階　*198*
14.6 恨についての調査　*200*
14.7 2つのタイプの自己　*202*
14.8 自己の発達　*203*
14.9 「我々」についての韓国とカナダの国際比較　*206*
14.10 「我々」概念の韓国と日本との比較　*207*
14.11 まとめ　*209*

15　文化間コミュニケーション　————————渡辺文夫　*211*
15.1 日本人と英語母語話者，非母語話者との英語による
　　 コミュニケーション　*211*
15.2 日本人の組織における情報累積的人間関係と文化間
　　 コミュニケーション　*213*
15.3 文化間コミュニケーションのエスノグラフィー
　　 ——西欧的国際組織運営と日本人　*216*
15.4 文化的不確定状況に対する日本人の認知的ストラテジー
　　 ——技術移転の現場をめぐって　*218*
15.5 多元的視点から見た日本人の文化間コミュニケーションの課題　*219*

索　引　*223*

1 アジアの社会心理学へ

山口 勧

はじめに

　今日の社会心理学は，他の諸科学と同様に，日本あるいはアジアで発展してきたものではない．そのため，社会心理学が科学としての一般性を獲得するためには，アジアの文化の特殊性も取り入れる必要がある．ここでは，これからの社会心理学がアジアの人々の心と行動をどのように理解したらよいかについて考えてみよう．

1.1 社会心理学の成り立ち

　社会心理学は，社会的環境における人の心の働きや行動の規則性を研究する．そのため，社会心理学の扱うことがらは，われわれの日常生活と密接にかかわっている．教科書で典型的に扱われていることがらを列挙すれば，「自分とは何か」，「他の人の性格をどのように判断するか」，「どのような人を好きになるか」，「人についての記憶」，「社会的な出来事の原因や責任についての判断」，「コミュニケーションの仕方」，「集団の中での行動の

特徴」,「どのような人をどのようなときに助けるか」,「攻撃的になるのはどのようなときか」,「個人差」,「人の態度はどのようにしてつくられ,また変化するか」,などである．これらは,社会心理学の研究者に限らず,だれでも自分なりの答えをもっていそうなことがらである．実際,東西の思想家たちは,社会心理学的な考察を行っている．たとえば,アリストテレスの著作にもこうした問題に関する記述が見られるし（たとえば,Aristotle, 1953）,孔子の教えにも社会心理学的な要素が多分に含まれている．

　現代の社会心理学のもととなる著作は,一般的には,1908年に公刊されたマクドゥーガルの『社会心理学』(McDougall, 1908) であると考えられている．その後,第二次世界大戦中にドイツからアメリカに逃れたレビン (Lewin) およびその弟子たちによって,多くの実証的研究が行われ,戦後のアメリカにおいて社会心理学は大きな発展をとげた．そして,現在に至るまで,アメリカにおいて社会心理学における主要な貢献が生み出されてきた．これは他の多くの科学分野と同様である．

　このようなアメリカ主導による社会心理学の発展は,「科学に国境はない」という前提に立てば,少なくとも学問的には全く問題とならない．どの国で行われた研究であろうと,その学問の基準に照らしてすぐれたものであればかまわないはずである．とくに自然科学では,アメリカで発見された法則と,中国で発見された法則に違いがあるとは考えられない．しかしながら,社会心理学では,アメリカで見出された法則はあくまでもアメリカ人を対象とした研究で見出されたものであり,それが必ずしも日本人に当てはまるとは限らない,という問題がある．つまり,現在の社会心理学の場合,まだ「国境はない」とはいえないのである．確かに,人間には多くの共通性があり,アメリカでの研究結果が日本でも当てはまることは多い．しかしながら,本書で繰り返し示されるように,当てはまらない場合もまた多いのである．したがって,国境のない科学としての社会心理学

を完成させるためには，さまざまな文化（国境によって規定されることが多い）における人の心の働きや行動を説明できる理論が必要とされる．

　社会心理学で取り上げる社会的行動は，それぞれの人の生まれ育った文化によって大きく影響されていると考えられている．さらに，社会心理学の理論自体も，それが生まれてくる文化によって影響されていると考えられる．たとえば，アメリカの文化は個人主義的である（本書第3章参照）．そこでは，個人の独立性，自律性に価値が置かれる．そのため，人は他者に依存せず，経済的にも精神的にも独立し，自律的に行動することが賞賛される．このような文化では，個人が他者から独立しているという心理学的な理論が形成されることになる．実際，サンプソン（Sampson, 1977）は，アメリカの心理学が個人主義によって影響されていることを指摘する．たとえば，報酬の分配に関して，アメリカの理論では個人間の衡平な分配（それぞれの人が自分の仕事の価値に応じた報酬を受け取ること）に注意を向けすぎていて，集団や社会との関係を軽視し，より個人主義的でない考え方に注意を向けないことを批判している．

1.2　アジア的な社会的行動の例
　　　——アジア人は認知的不協和を経験するか

　欧米で提唱されている理論が，そのままアジア人に適用できるとは限らない例として，フェスティンガーの認知的不協和理論（Festinger, 1957）について考えてみよう．この理論によれば，態度は他者からの説得的コミュニケーションによって変化するだけではない．諸認知の間の関係が協和的になるように人は自分の態度を変化させるだろうとフェスティンガーは考えた．関連した認知がお互いに協和的関係を形成していないと人は不快であり，何らかの仕方で認知間の不協和を解消しようとするというのである．

認知間の不協和な関係というのは，関連のある2つの認知要素だけを考えて，1つの要素の逆の面が他の要素から帰結されるということである．また，互いに関連のある2つの認知要素だけを考えて，いずれか一方が他方から帰結するときは，それらの認知は協和的関係にあるとされている．

たとえば，自分の頭の上に雪が降り積もっているのに，自分は暑いと感じているという場合を考えてみよう．このとき，雪が降っているという認知は，自分は暑いという認知と不協和である．通常は，雪が降っているという認知は，寒いという認知を帰結するからである．しかし，自分が露天風呂に入っているという認知が加われば，もうこの認知は不協和とはいえないであろう．

一般に，① 認知的不協和の存在は心理的に不快なので，人は不協和を低減し協和をつくりだすように動機づけられるであろう．② 認知的不協和が存在すると，それを低減しようとするだけでなく，人は，その不協和を増大させそうな状況や情報を積極的に避けるであろう，とフェスティンガーは予測した．そして，認知的不協和は，問題となっている認知要素の重要性や価値が大きいほど，また，関連した認知要素間に協和的認知よりも不協和な認知が多いほど，大きいと考えられている．

たとえば，健康にとって有害であることを知りながら，喫煙の習慣を続けている人について考えてみよう．この人にとって，自分が喫煙をしているということは，認知的不協和をつくりだしていると考えられる．だれでも自分の健康を願っており，一般に「ある物Xは有害である」という認知をもっているときには，「自分はXを避ける」という認知を同時にもっているのが普通であるからである．さて，このように生じた不協和を低減させるには，どちらかの認知を変えて2つの認知が協和的になるようにすればよいであろう．つまり，「タバコは有害である」という認知か，「自分はタバコを吸っている」という認知のどちらかを逆にしてしまえばよいので

ある．喫煙の習慣をやめた人は，「自分はタバコを吸っていない」という認知を獲得することにより，「タバコは有害である」という認知と協和的関係を達成できるわけである．また，もう1つは，「タバコは有害である」ことを否定するような情報を得たり，有害説を否定するような情報を得たりして，「タバコは有害ではない」という認知を獲得する方法である．

ブロックとバローン（Brock & Balloun, 1967）は，実際にこうしたことが行われることを示している．彼らは，大学生に喫煙と肺ガンに関する2種類のテープを聞かせた．1つは，「喫煙が肺ガンを引き起こす」というアメリカ・ガン学会の主張を伝えるものであり，もう1つは「喫煙と肺ガンは関係ない」という当時の専門家の主張に基づくものであった．ここで，被験者はテープの内容を聞くために，テープの雑音を除去するためのボタンを押す必要があった．ブロックらは，このボタン押しの回数を測定し，被験者がそれぞれのテープをどのくらい聞きたがっているかの指標とした．そして，そのボタン押しの回数が喫煙者と非喫煙者でどう違うかを調べたのである．認知的不協和理論によれば，喫煙者は「喫煙が肺ガンを引き起こす」という内容の話を避け，「喫煙と肺ガンは関係ない」という主張をより一生懸命に聞こうとするであろう．結果は，認知的不協和理論の予測を支持するものだった．図1-1にあるように，喫煙者は「喫煙が肺ガンを引き起こす」という内容の話を聞くことには熱心ではなく，「喫煙と肺ガンは関係ない」という話の方を聞きたがったのである．これは，喫煙者が「自分は喫煙している」という認知と協和的な認知を求め，不協和な認知を避けたためであると考えることができる．

さて，人はつねに自分の態度に忠実に行動するわけではなく，さまざまな理由で自分の信念に反する行動をすることがある．このようなとき，その人の態度がどのように変化するかについて，認知的不協和理論は次のように予測する．すなわち，報酬をもらって，自分の態度に反する行動をし

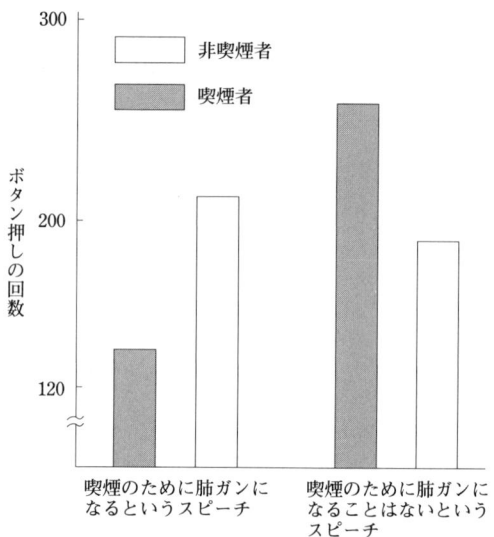

図 1-1 テープの雑音を除去してスピーチを聞くためにボタンを押した回数（4つの実験の平均）(Brock & Balloun, 1967 より)

た者は，その報酬が少ないほど自分のした行動を支持する方向に態度を変化させるというのである．「自分が信念に反する行動をした」という認知と，「その行動をするために十分な報酬をもらった」という認知は不協和な関係にないが，「自分は信念に反する行動をした」という認知と，「その行動をするためにわずかの報酬しかもらっていない」という認知は不協和な関係にあると考えられるのである．そして，この認知間の不協和を解消するために「自分は信念に反する行動をしたわけではない」という認知をもつようになると考えられる．つまり，自分の信念を行動にあわせて変化させてしまうのである．

　フェスティンガーとカールスミス (Festinger & Carlsmith, 1959) は，直接この仮説を検証しようとした．彼らは被験者につまらない作業をしても

らった後に，次の被験者にその作業は面白いと言ってほしいと依頼した．つまり，被験者は次の被験者に嘘をつくように実験者に依頼されたのである．そのときに，一部の被験者は20ドルの報酬を約束され，その他の者は1ドルが約束された．このような状況で，次の被験者に嘘をつくとき，報酬の額が多ければその嘘が正当化されるが，報酬の額が少ないとその嘘は正当化されないと彼らは考えた．つまり，20ドルもらった場合には，認知的不協和は弱いが，1ドルの報酬では認知的不協和が強く生じると考えたのである．したがって，被験者は1ドルの条件で，自分の態度をそのつまらない仕事に好意的になるように変化させるであろう．そのため，1ドルしか約束されていない被験者は，作業を面白いと信じることによって不協和を低減しようとする，と予測したのである．結果は，予測どおりで，1ドル群の被験者は20ドル群の被験者よりも，この作業を面白いと評定していたのである．

　以上のように，認知的不協和理論は大変もっともらしい理論であり，それから導き出された仮説を支持する研究も，アメリカではたくさん報告されている．しかし，日本では認知的不協和理論を支持する研究結果は少ない．さらに，最近ではハイネとレーマン（Heine & Lehman, 1997）が，カナダ人では認知的不協和理論の予測どおりの結果が得られるが，日本人では予測どおりの結果が得られないことを報告している．そして，この結果に基づき，日本人は認知的不協和を解消しようとしないのではないかと考えている．本当にどんな状況でも，日本人はフェスティンガーが定義したような認知的不協和を解消しようとしないのか，という疑問に答えるためには今後の研究を待たなくてはならないとしても，彼らの研究は少なくとも欧米で成立した理論をそのままアジアに持ち込むことが適切ではないことを意味している．

1.3 アジアの社会心理学の必要性
―― 固有文化心理学と文化心理学

　キム（Kim, 1995 ; 1999）は，このような事態を次のように考察している．欧米では，合理性が尊ばれ，自律と独立という個人主義的な価値観がある．一方，東アジアでは，権利に基づくよりも，徳に基づく人間関係を重視する．そして，個人は人間関係の中で調和をとりながら活動する．そうした文化的な違いがあるにもかかわらず，時代を超え，文化を超えた法則の一般性を仮定したとしても，北米で提唱された個人主義的理論は，東アジアでうまく人々の行動を予測したり説明したりすることはできない．これは当然のことであり，そのために，それぞれの文化にあった心理学を確立することが必要となってくる．彼の言う固有文化心理学（indigenous psychology）の考え方によれば，それぞれの文化において，研究者はまず自分の文化に妥当する心理学的な法則を確認し，次にその法則が他の文化でも妥当するかどうかを検討することになる（Kim & Berry, 1993）．たとえば，日本における固有文化心理学は，欧米のものから独立した相容れないものになるとは限らない．これまでのように，欧米の理論をそのまま受け入れ，日本人にも適用できるはずだという前提のもとで日本での研究を行うのではなく，それぞれの文化に適用できる理論を見出すことを中心に考えようということである．したがって，学問的な鎖国を提唱したり，民族中心主義の価値観に基づいて，日本あるいはアジアの文化が西欧文化よりも価値があると主張するものでもない．西欧の理論を導入する際にも，それを日本文化で適用するためにどのような修正を行うべきか，理論の前提は正しいか，などという点を考察しながら進もうという提言である．
　このような固有文化心理学の立場は，近年盛んに主張されている文化心

理学の主張と基本的に同一である（Yamaguchi, 2002）．文化心理学も固有文化心理学同様に，社会心理学の主流となっている考え方を批判する（e.g., Bruner, 1990 ; Cole, 1996 ; Shweder, 1990）．その主な理由は，これまでの主流的な社会心理学では，心理学の法則はどこでもだれにでも当てはまるという自然科学的な法則を手本としてきた．しかしながら，これからの各章でも示されるように，アメリカで見出された心や行動に関する法則は，無条件で日本を含むアジア諸国で当てはまるわけではない．そこで，文化心理学では，人はどこにいても心の働きはひとつであるという心性単一性（psychic unity）の仮定を無条件に受け入れることを否定する．そして，人の心の働きとその結果としての行動を状況（context）の中で理解すべきであると主張する．とくに，文化によって状況の心理学的な意味が異なってくるため，文化心理学の主張は，結局はキムらの主張するような固有文化心理学の主張と重なってくるのである．その文化をよく知らなくては，状況の心理学的な意味を理解することは難しい．なぜ，日本ではお客をもてなすために一生懸命につくった料理を「つまらないものですが」と言って出すのかということを，日本文化を知らない者が理解することは難しいのである．

　たとえば，アメリカの社会学者による最近の研究では，日系と中国系のアメリカ人は毎月4日に心臓麻痺で死ぬ確率が高いという（Phillips *et al.*, 2001）．この結果は，全米の死因調査に基づき，白人と日系および中国系の慢性心臓病による死亡者数を比較し，統計的に検討したものである．彼らの主張では，日本語でも中国語でも「四」と「死」が同じ発音で「死」が連想されるために，日系および中国系の人々は不安をかきたてられ心理的なストレスになるという．そして，そのために心臓麻痺を起こしやすいという（！）．このような主張を行うのは，日本文化および中国文化に無知なためとしか考えられないであろう．しかしながら，驚くべきことに統計上

は4日に心臓病で死ぬ人が日系および中国系で多いという結果が得られてたのである．実際には，何か他の理由でこうした結果が得られたと思われるが，このような研究報告は，残念ながら，「非合理的なアジア人」という偏見を助長してしまうであろう．

それでは，このような偏見を助長するような研究をやめさせるために，固有文化心理学は外国人が別な国の国民について研究することを排除するのであろうか．この問いに対する答えは否である．確かに，上に書いたように，対象となる文化を理解することなしに社会心理学的な研究を行うことは難しい．しかしながら，一方で，研究者が自分自身の文化について，客観的な判断を行うこともまた難しいことである．たとえば，日本では謙遜は当たり前のことであり，とくに研究者の興味を引くことはなかった．ところが，欧米の研究者には，これが日本人の自己評価が低いことを反映している現象であるかのように見える．そこで，初めて日本人の謙遜と自尊心との関係が研究のテーマとして浮上してくるのである（本書第5章）．

このように固有文化心理学も，外国人が研究することを排除するものではない．結局，文化心理学と固有文化心理学の主張から導き出される最も生産的な結論は，当該文化に育った研究者と外国から来た研究者が協力して研究を進めるべきだということである（Yamaguchi, 2002）．たとえば，「甘え」というのは日本にユニークな概念であるが，山口はキムと協力して研究を進めている（本書第11章）．

1.4　学会レベルでの協調

社会心理学は北米中心に発展してきたため，アジア人の社会的行動について多くは知られてこなかったし，またアジアで行われた研究が欧米で正当な評価を受けるには多くの困難が伴った．文化的な前提の違う研究が欧

米で理解されないことは，容易に想像できることである．しかしながら，日本あるいはアジアの人々については，自分たちで研究すればよいのであって，欧米人には理解不可能であり，また理解してもらう必要もないと考えることは，国際化が進んでいる今日において，得策とは言えない．それは，上に述べたような研究の生産性という理由だけでなく，放っておいてほしいと思っても，欧米の研究者は，日本人やアジアの人々を対象に研究を行い，それを欧米の個人主義的な視点から解釈してしまうことがあるからである．アジアの本当の姿を国際的にアピールしなければ，日本やアジアの人々についての偏った評価だけが欧米で流布することになるのである．たとえば，「甘え」は欧米の視点から見ると，大人が「甘える」などということは，その人がただ自立できない未熟な人間であることを示すものととらえられるかもしれない．しかし日本人の間では，「甘え」は好ましくないこともあるが，同時に好ましいものでもあるという評価がなされているのである（本書第11章）．われわれの本当の姿を，文化的な背景を理解しながら，科学的な手法で研究することが必要とされるのである．

　こうした認識は，日本の社会心理学者だけでなく，他のアジア諸国の研究者にも共有されている．そこで，1995年に香港でアジア社会心理学会が設立され，第1回の大会が香港中文大学で開催されたのである．また，第2回大会は1997年に京都で開催され，中国，韓国，台湾という東アジアの研究者だけでなく，シンガポール，マレーシア，インドといった国々からも多数の研究者が参加し，研究発表を行った．その後，台北（1999年），メルボルン（2001年）と隔年で大会が開催されている．また，1998年からは学会の英文機関紙である *Asian Journal of Social Psychology* が日本グループダイナミックス学会と共同で刊行され，すでに権威ある学術雑誌のデータベースである SSCI（Social Science Citation Index：http://www.isinet.com/isi/products/citation/ssci/）およびアメリカ心理学会の

PsycINFO (http://members.apa.org/) などに掲載されている．さらに，アジアでの社会心理学の進歩を国際的に伝えるために，アジアの社会心理学の進歩 (*Progress in Asian Social Psychology*) のシリーズの出版がスタートしており，名称は変更しながらも，アジア社会心理学会で発表された優秀な論文などが英文で出版されている (Leung, Kim, Yamaguchi, & Kashima, 1997; Sugiman, Karasawa, Liu, & Ward, 1999; Yang, Hwang, Pederson & Daibo, 2003)．

　日本人およびアジアの人々が自分たちを正しく理解するためには，国際的に開かれたアジアの社会心理学が必要である．アジアの社会心理学は欧米の社会心理学から孤立していたり，それらと対立するものではない．実際，すでにアジア社会心理学会は，アメリカの実験社会心理学ソサエティー (SESP: Society of Experimental Social Psychology) およびヨーロッパ実験社会心理学会 (EAESP: European Association of Experimental Social Psychology) との協力関係を始動させている．こうした協力関係による成果の一部は以下の章に見ることができる．

引用文献

Aristotle (1953). *Ethics* (J. A. K. Thomson, Trans.). New York: Penguin.
Brock, T. C. & Balloun, J. L. (1967). Behavioral receptivity to dissonant information. *Journal of Personality and Social Psychology*, **6**, 413-428.
Bruner, J. S. (1990). *Acts of meaning*. The Jerusalem-Harvard lectures. Cambridge, Mass.: Harvard University Press.
Cole, M. (1996). *Cultural psychology: A once and future discipline*. Cambridge, MA: The Belknap Press of Harvard University Press.
Festinger, L. (1957). *A theory of cognitive dissonance*. Evanston, Ill.: Row Peterson.
Festinger, L., & Carlsmith, J. M. (1959). Cognitive consequences of forced compliance. *Journal of Abnormal and Social Psychology*, **58**, 203-211.
Heine, S. J. & Lehman, D. R. (1997). Culture, dissonance, and self-

affirmation. *Personality and Social Psychology Bulletin*, **23** (4), 389-400.

Kim, U. (1995). Psychology, science, and culture: Cross-cultural analysis of national psychologies. *International Journal of Psychology*, **30**, 663-679.

Kim, U. (1999). After the "crisis" in social psychology: The development of the transactional model of science. *Asian Journal of Social Psychology*, **2**, 1-19.

Kim, U. & Berry, J. W. (1993). *Indigenous psychologies*. Thousand Oaks, CA: Sage.

Leung, K., Kim, U., Yamaguchi, S., & Kashima, Y. (1997). *Progress in Asian Social Psychology, Vol. 1*. Singapore: Wiley.

McDougall, W. (1908). *An introduction to social psychology*. London: Methuen.

Phillips, D. P., Liu, G. C., Kwok, K., Jarvinen, J. R., Zhang, W., & Abramson, I. S. (2001). The Hound of the Baskervilles effect: Natural experiment on the influence of psychological stress on timing of death. *BMJ*, **323**, 22-29.

Sampson, E. E. (1977). Psychology and the American ideal. *Journal of Personality and Social Psychology*, **35**, 767-782.

Shweder, R. A. (1990). Cultural psychology: What is it? In J. W. Stigler, R. A. Shweder, & G. Herdt (Eds.), *Cultural psychology* (pp. 1-43). Cambridge, New York: Cambridge University Press.

Sugiman, T., Karasawa, M., Liu, J. H., & Ward, C. (1999). *Progress in Asian Social Psychology: Volume 2*. Korea: Kyoyook-Kwahak-Sa Publishing Company.

Yamaguchi, S. (2002). Cultural Psychology and Indigenous Psychology: Are they Foes or Allies? *Cross-Cultural Psychology Bulletin*, **36** (2 & 3), 5-13.

Yang, K. Y., Hwang, K. K., Pederson, P. B., Daibo, I. (2003). *Progress in Asian Social Psychology: Conceptual and empirical contributions*. New York: Praeger.

2 研究法入門

山口 勧

はじめに

　社会心理学をとくにアジア的な視点から考えるといっても，科学的な研究法が必要なことに変わりはない．そこで，この章では，科学的な研究法について考えてみることにする．社会心理学が研究対象とすることがらには，現実の社会で問題となっていることが多く含まれている．ここでは，その例として，テレビや映画などの暴力シーンを見ると，人はより攻撃的になってしまうか，という問いに答えるための研究について考える．

　今日，テレビや映画には暴力シーンが溢れており，幼児が好んで見るようなアニメでも，暴力シーンが多く見られる．少年による残酷な事件があると，こうした暴力シーンの影響が問題になるのも無理がないように思える．しかし，実際にテレビや映画などの暴力シーンが，それを見る者の攻撃的な傾向を強めているかどうかは，科学的研究によって確認されなければならない．

2.1 研究方法

2.1.1. 相関的方法

　この方法では，調べたいことがらの間に何らかの関係があるかどうかを調べる．いまのように暴力シーンと攻撃行動との関係を問題としているときには，テレビの暴力シーンを見る量と子どもの攻撃行動とを調べたりする．たとえば，エロン (Eron, 1981) は，アメリカ，フィンランド，ポーランド，およびオーストラリアの小学生合計1505名を対象にして，テレビでの暴力シーンを見る量が多いほど，他者に対する攻撃行動が多いことを見出している．

　それでは，このように暴力番組を見る量と攻撃行動との間に正の相関があるときに，「暴力番組を見ることが攻撃行動を引き起こす」という因果関係に関する結論を下してよいであろうか．一般的に，2つのことがらの間に因果関係を推測するには，以下の3つの条件が必要である．

　① 想定される原因と想定される結果が共変していること
　② 原因が結果に先行していること
　③ 観察された関係に対する別解釈が除外できること

　この基準に照らせば，上の研究結果は因果関係を推測するには十分であるとはいえない．①の基準は満たしているが，その他の基準が満たされていないからである．「テレビの暴力番組を見たから攻撃的に行動するようになった」のではなく，「攻撃的な子どものほうがテレビの暴力番組を好んでみている」のかもしれないのである．

1. 疑似実験
    被験者　O---------X---------O
        O　観察
        X　暴力的シーンを見せる
2. 実験計画
    実験群　R　O------X_1------O
    統制群　R　O------X_2------O
        R　ランダム化
        O　観察
        X　実験操作

図 2-1　擬似実験と実験の違い

2.2.2　実験的方法

　因果関係をより確実に推測するには，実験的方法が適している．この方法では，研究者が研究の対象者（被験者と呼ばれる）に暴力的なシーンを含む映像を見せ，その後で攻撃的な行動が生起するかどうかを調べることになる．こうすることにより，因果関係推測の②の条件「原因が結果に先行していること」が満たされるようになる．

　最も単純なデザインは，図 2-1 上に示した疑似実験である．この方法では，まず被験者の攻撃性を観察して調べておく．次に，暴力的なシーンを含む映像を見せて，そのあとで攻撃性が増大するかどうかをもう一度観察する．こうした方法を採用した研究に，フィリップ（Phillip, 1986）のものがある．

　彼は，テレビで暴力シーンが放映されると，その後で暴力犯罪が増加する傾向があることを報告している．彼は，アメリカで行われたプロボクシングのヘビー級タイトルマッチの前後に殺人の数が変化するかどうかを 6 年間の統計に基づいて調べてみた．殺人の数は季節などによって変動するので，その影響を統計的に取り除いたうえで見ると，試合の 3 日後に影響

がピークに達し，7.47件殺人が増加していた．また，4日後でも4.15件の増加が見られることを彼は報告している．さらに，殺人事件の犠牲者はタイトルマッチの敗者に似ている傾向があった．たとえば，若い白人の男性が敗者であるときには，白人の男性が殺される傾向があり，逆に若い黒人の男性が敗者の場合には，若い黒人の男性が殺される傾向が見られた．そして，タイトルマッチ後の殺人数増加は，話題になったタイトルマッチの場合ほど多いという傾向も見られた．

　それでは，今度は暴力シーンを見ると攻撃性が増大すると結論してよいだろうか．上記の基準に照らしてみると，この研究では第1の基準と第2の基準は満たされている．すなわち，暴力シーン（ボクシングのタイトルマッチを見ること）と攻撃性の増大（殺人）は共変しているし，暴力シーンを見ることが攻撃性の増大よりも先行している．しかし，一般的にこのような研究デザインでは，「別解釈が除外できること」という③の基準が満たされない．以下のような点で，別解釈の可能性が残されてしまうのである．

　(1)　ヒストリー

　これは，2度の観察の間に被験者が経験する出来事の影響である．フィリップ（1986）の研究でも，研究の対象となる人々は自由に生活をしており，どのような経験をするかを研究者が統制することは不可能である．また，全く予期しないような社会的出来事が発生して，それが人々の行動に影響しないともいえない．このような可能性は，上のような研究計画では除外できない．

　(2)　成熟

　これは，2度の観察の間に起こる被験者の側の変化が与える影響である．とくに，子どもを対象にした研究の場合，研究で問題としている要因の影響以外に，観察期間中に子どもの知的能力が伸びるために，行動が変化す

ることがある．たとえば，暴力シーンを見ることが攻撃性に与える長期的影響を調べるために，5歳の子どもを対象にして，10年間にわたる追跡調査を計画したとする．このとき，10年後の子どもたちの攻撃性は，暴力シーンの影響だけとはいえない．上で述べたヒストリーの効果の他に，子どもたちが肉体的に成長した結果，より攻撃的な行動が可能になるからである．また，逆に道徳観などの発達が，子どもの攻撃行動をより抑制する方向に働くことも考えられる．このように，研究で問題としている要因以外に，時間の経過により，被験者の能力などが変化してしまう可能性を考慮する必要がある．

(3) テストの影響

被験者は，テストを受けることによって反応を変化させることがある．暴力シーンの影響を調べるためには，被験者の通常の攻撃性を調べておく必要がある．その人の通常の攻撃性と比べて，暴力シーンを見たあとにより攻撃性が増しているかどうかを確認するためである．しかし，このように事前に被験者の攻撃性を調べたために，被験者に研究の目的を悟られてしまうことがある．たとえば，被験者の攻撃性を知るために，何らかの質問紙を用意し，それに回答してもらったとしよう．そこで，「あなたは腹を立てるとすぐに相手を殴ってしまうほうですか」などという稚拙な質問をすれば，被験者はすぐに研究の目的を察して，後に暴力シーンを含む映像を見せられても，攻撃的に振る舞うことを避けるかもしれない．このようなことがあると，暴力シーンの効果を適切に評価することが難しくなってしまうのである．

(4) 装置の問題

研究者が観察装置を使い慣れるまでには，多くの場合，時間がかかるものである．また，観察者が観察することに慣れたり，また観察を続けているうちに疲労し，それが観察結果に影響する場合もある．被験者の攻撃性

を観察しているとき，暴力シーンを見せる前の観察では，あまり観察に慣れていないために攻撃行動を見過ごすかもしれないが，暴力シーンを見せたあとの観察では，観察者も慣れているために細かな攻撃行動も見逃さずに記録することができるかもしれない．このようなことが起こると，実際には暴力シーンの影響はなかったにもかかわらず，事後の攻撃行動を過大評価してしまうこともありうる．

統計的回帰

この問題を考えるには，まず測定の誤差について知る必要がある．たとえば，身長を測ることを考えてみよう．このとき，測定される者の姿勢のとり方や，測定者による目盛りの読み違えなどにより，繰り返し測定すると，測定結果が異なることがある．これは測定の誤差である．心理学における測定でも，こうした誤差は必ず起こるものである．

たとえば中学生の攻撃性の程度を質問紙によって測定したとしよう．短い期間に何度も測定した場合には，生徒の攻撃性のレベルに変化はないはずであるが，それでも測定結果は一定とは限らない．午前と午後に同じ測定を受けたとしても，慣れや，そのときの気分の変化などにより結果が影響を受けるからである．たとえば，ある生徒は午後にはすぐに眠くなるという傾向が強いかもしれない．そのため，ゆったりとした気分になり，あまり攻撃的ではないような回答をすることもあるだろう．このように，心理学における測定でも誤差は無視することができないものである．

ただ，ここで注意すべきことは，大きな誤差が生じることは，小さな誤差が生じることよりも少ない，と考えられることである．たとえば，いつも臆病なほど攻撃性の低い生徒が，次の日に同じ質問紙に回答して高度に攻撃的だという結果が出ることは非常に考えにくい．しかし，その生徒の攻撃性のスコアが多少のずれを示すことは十分にありそうなことである．

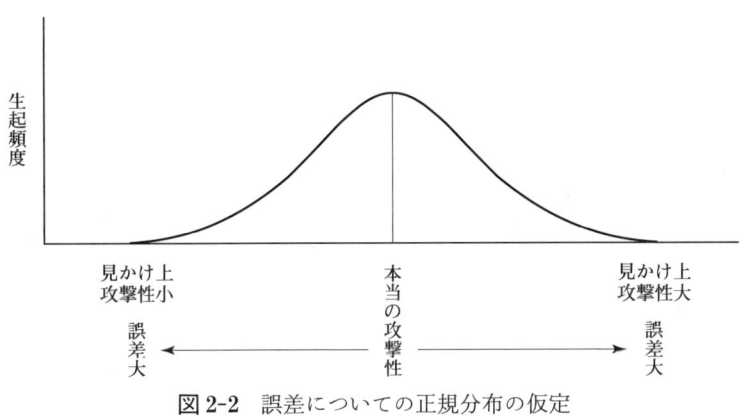

図 2-2 誤差についての正規分布の仮定

このように測定の誤差は，本当の値の近くでは頻度が高く，それから大きく離れたところでは頻度が低いと考えられる．そのため，一般的にテスト理論では，図2-2にあるような正規分布を誤差の分布として想定する．

このように，大きい測定誤差の頻度が低く，小さい測定誤差の頻度が高いということは，次のような実験計画の場合に，注意すべき問題となる．

いま，生徒の攻撃性に関して，4月の新学期が始まるときに攻撃性の程度に差があっても，「朱に交われば赤くなる」ので，学年末における差は小さくなっているという仮説を立てたとしよう．そこで，この仮説を検証するために，クラス全員の攻撃性の程度を測定しておき，攻撃性の極端に高い者と低い者を調べておく．そして，学年末に再度攻撃性の程度を測定して，極端に攻撃性の高い者と低い者との違いがなくなっているかどうかを調べたとする．このとき，「朱に交われば赤くなる」ということが起こらなくても，上に述べた測定誤差により，攻撃性上位者と下位者との違いは小さくなって，見かけ上は仮説が支持されたような結果が得られるはずなのである．

学年初めにおける極端な攻撃性上位者および下位者には，大きな測定誤差のためにそのような結果になった者も含まれているはずである．このように大きな測定誤差によって，攻撃性上位あるいは下位に分類された者の場合，いつも大きな測定誤差が起こる可能性は少ないから，次に測定した場合には本来の攻撃性に近い結果が出るはずである．そうすると，大きな誤差によって攻撃性上位になった者は，次の測定の際にはスコアは下がって，見かけ上は攻撃性が落ちたように見えるであろうし，逆に大きな誤差によって成績下位になった者のスコアは上昇することになる．したがって，一般的に，極端な傾向をもった者が何らかの操作によって平均に近づくという仮説を立てる場合には，その検証に注意が必要である．

データの脱落

さまざまな理由で被験者が実験操作の途中で脱落し，データがとれないことがある．とくに，実験操作によって，異なったタイプの被験者が脱落してしまうときに問題が生じる．

たとえば，ある中学校で生徒の攻撃性を低めるための特別教育の効果を次のようにして調べたとしよう．放課後に1学期間特別な教育を行い，学期の終わりに再度攻撃性の程度を測定する．そして，特別教育の前に測定された攻撃性の程度と学期末に測定された攻撃性の程度の比較を行う．このような状況で，特別教育を受ける実験群の生徒のうち何人かが学期末までにそのクラスに出席しなくなってしまうことも考えられる．ひょっとすると，攻撃性を低めるための特別教育は，より攻撃性の高い生徒にとっては面白くないものかもしれない．そうすると，攻撃性の高い生徒ほど実験群から脱落してしまい，残った生徒はどちらかというと攻撃性のそれほど高くない生徒だけになってしまう可能性がある．こうなると，明らかに事前に測定した生徒の攻撃性平均値よりも，学期末に測定した生徒の攻撃性

平均値のほうが低くなってしまう．仮に，落ちこぼれた生徒の事前の攻撃性スコアは除いて，最後まで残った生徒の事前と事後の攻撃性スコアを比較してみて，事後の攻撃性スコアのほうが低いとしても，教育効果のなかった者が脱落してしまっているという可能性を否定できない．このように，実験操作が特定の被験者の脱落を引き起こすような場合には，注意が必要なのである．

　以上の理由で，これから説明するような実験計画が必要になってくる．図2-1の下にあるように，この計画では被験者を実験群と統制群とに分ける．まず，被験者を無作為（ランダム）に実験群と統制群に振り分けるのである．そして，どちらの群の被験者に関しても攻撃性を測定しておく．次に，実験群の被験者には暴力シーンのある映像を見せ，統制群の被験者には暴力シーンを含まない映像を見せる．そして，最後にもう一度被験者の攻撃性を観察する．このような手続きで実験を行えば，上で述べたような余計な要因が結果に影響することを防ぐことができる．実験群も統制群もともに同じ時間間隔で観察されているので，ヒストリーに関しては同質である．また，その他の要因も両群に同じように影響していると考えてよいだろう．したがって，もし事後の観察によって，実験群の攻撃性が増大し，統制群の攻撃性には変化がないということがわかれば，暴力シーンを見たために攻撃性が増大したと結論してよいであろう．

　実際に，レインズら（Leyens et al., 1975）はこのような研究計画で実験を行っている．彼らはベルギーで，家庭の保護がなかったり，学校などで問題を起こしたために私立の施設に入っている中学生を被験者とした．そして，実験群には暴力的な映画を見せ，統制群にはとくに暴力性の強くない映画を見せた．それから，中学生の被験者たちの攻撃性に変化があるかどうかを調べたのである．その結果，実験群で攻撃性が増大し，統制群ではそのようなことは見られなかった．したがって，この研究では暴力シー

ンを見たために攻撃性が増大したと結論してもよいであろう．

2.2 研究の論理と倫理

内的妥当性と外的妥当性

これまで説明してきたように，社会心理学における実験的研究では，原因になると予想される要因（独立変数と呼ばれる）を操作し，それが結果として生じると予想される行動など（従属変数と呼ばれる）に与える影響を調べていく．その際に，本当に独立変数が効果的であったかどうかが問題となることはすでに説明した．そこで，実験において本当に独立変数が効果的であれば，その研究は内的妥当性があるということになる．

すでに説明した要因の他に，実験の内的妥当性を脅かすものとして，被験者のもつ要求特性（demand characteristics）と実験者のバイアスが知られている．前者は，被験者が実験者の望むように行動しようとすることをいう．一方，後者は実験者が意図しなくても被験者に影響を与えてしまうことをいう．たとえば，実験者がもっている予想を，意図せずに被験者に伝えてしまい，被験者がそれに反応してしまうことも考えられる．こうしたことは，実験の内的妥当性を脅かすものであり，十分注意する必要があることとされている．

外的妥当性と比較文化的研究

ある実験で得られた結果が，どのくらい一般化できるかをその研究の外的妥当性と呼んでいる．たとえば，上のレインズらの研究では，施設に入っている中学生を対象にしているが，そこで得られた結果はどのくらいふつうの青少年にもあてはまるのであろうか．もしも，彼らの得た結果が，その実験に参加した中学生たちにしか当てはまらないものであれば，彼ら

の研究の外的妥当性は低いということになる．

　さらに，文化的に見た外的妥当性も重要である．レインズらの結果は，アジアでも当てはまるものであろうか．本書では，欧米で確認されているさまざまな現象が，必ずしもアジアでは見られなかったり，全く逆の現象が見られたりするということを問題にしていく．その際には，比較文化的研究が必要となるわけだが，そこでも注意すべきことがある．

　社会心理学の研究対象となる現象には，ある特定の社会でしか見られないことがらと，多くの社会で見られる共通したことがらとがある．前者はエミック（emic）と呼ばれ，後者はエティック（etic）と呼ばれている．そこで，ある特定の社会で見られた現象や，その現象を説明する理論が，実際にはその文化にしか当てはまらないエミックなものであるのにもかかわらず，無理にそれが他の文化にも当てはまるとみなしてしまうことを，押し付けられたエティック（imposed-etic）という．このようなことは避けなければならないことはいうまでもない．たとえば，アメリカで開発されたテストが日本でも翻訳されてそのまま使われることがよくある．このような場合，本当に日本でもそのテストが対象としている心理的な特性が測定されているかを確認する必要がある．すなわち，テストの妥当性を日本でも確認する必要がある．

　第1章で述べたように，固有文化心理学（indigenous psychology）の立場では，自分の文化についての心理学を自分の文化にあった概念を用いて確立することが必要である．この立場からすると，概念についても，アジアの社会心理学では西洋の概念を無批判的に用いるのではなく，自分たちにあった概念を用いることが奨励される．この立場では，西洋的な概念によって記述された法則の外的妥当性を疑問視していることになる．

　一方，第11章で述べるように，「甘え」に関する研究では，日本固有の概念である甘えを用いて研究を行っているが，このような研究もそこで見出

された法則性について，文化を超えた外的妥当性を主張できるかという潜在的な問題を抱えている．

このような問題を解決する1つの手段として，山口（Yamaguchi, 2002）は概念のマッチングを行うことを提唱している．この方法では，西欧でもまた日本でも多くの実証的な研究が行われている愛着（attachment）という概念と甘えとを関連づけることにより，甘えのどの部分が愛着のどの部分と対応しているかなどを明らかにしていくことになる（11章）．

また，ある現象の文化を超えた一般性を吟味する際には，それぞれの文化で，同じようなサンプルを対象にする必要がある．ある文化では義務教育を終了しただけの者を対象にした研究を行い，比較対象とする別な文化では大学院修了者を対象にした研究を行って，結果の違いに基づき文化差について議論することはできない．文化差よりも教育年数の違いのために結果に違いが出た可能性を否定できないからである．そのため，一般的には，どの文化でも大学生を対象にすることが多い．

さらに，測定法にも注意を払う必要がある．たとえば，日本人は極端な回答を避ける傾向があると考えられる．何でも肯定的に答える傾向や，要求特性も，特定の文化では他の文化よりも強いかもしれない．

最後に，翻訳にも注意が必要である．一般的には，翻訳がオリジナルとひどく異なることがないように，再翻訳法（back translation）が用いられている．この方法では，ある言語Aから別の言語Bに翻訳した後，別の翻訳者が言語Bから言語Aに翻訳し，その結果をオリジナルと比較して，一致しているかどうかを確認する．

2.3 研究の進め方

社会心理学ではさまざまな理論が提出されている．その理論から仮説が

導かれ，実験状況での行動が予測される．そして，それが正しいかどうかを実験結果と照らし合わせて検証する．もし，実験結果が予測と異なっていれば，理論を修正することになる．たとえば，暴力シーンを見ることと攻撃行動が増大することは，バンデュラ（Bandura, 1973）の社会的学習理論から次のように予測できる．

社会的学習理論によれば，人は自分で行動するだけでなく，他者の行動を観察して学習することもあるという．この理論が正しければ，映像で他者が攻撃行動をするところを観察した者は，その観察によって攻撃行動を学習することになる．したがって，他者が暴力的に振る舞っているところを見ると攻撃行動を学習し，その後に攻撃行動が生起しやすいと考えられる．これが仮説である．そして，より具体的には暴力的なシーンを含む映像を見せると，その後でより攻撃的に振る舞うことが予測される．この予測を実験で検証し，理論と得られた結果との整合性を判断し，必要とあれば理論を修正することになるわけである．

倫理的配慮

心理学の研究では，被験者に情報を開示したうえで実験参加の同意を得るのが原則である．しかし，社会心理学の研究では，研究の目的を事前にすべて被験者に知らせると，それが被験者の行動に影響し，実験の内的妥当性が損なわれることになってしまう．そこで，多くの場合被験者にはすべてを伝えずに，実験に参加してもらうことになる．このような方法では，被験者を心理的に傷つけることになりかねないので，実験を実施する際には注意が必要である．そして，実験終了後はすべてのことがらを開示し，被験者に説明するようにする．また，被験者のデータは匿名性を確保したうえで分析し，第三者には知らせないようにしなければならない．多くの社会心理学的研究では，研究の主要な関心は個々の被験者がどのような行

動をするかということよりも，全体としての傾向を知ることにあるので，被験者個人のデータが問題になることは非常にまれである．

引用文献

Bandura, A. (1973). *Aggression : A social learning analysis*. Englewood Cliffs, NJ : Prentice Hall.

Eron, L. D. (1981). Parent-child interaction, television violence, and aggression of children. *American Psychologist*, **37**, 197-211.

Leyens, J. P., Camino, L., Parke, R. D., & Berkowitz, L. (1975). Effects of movie violence on aggression in a field setting as a function of group dominance and cohesion. *Journal of Personality and Social Psychology*, **32**, 346-360.

Phillip, D. P. (1986). Natural experiments on the effects of massmedia violence on fatal aggression : Strength and weakeness of a new approach. In L. Berkowitz (Ed.), *Advances in Experimental Social Psychology* (Vol. 19, pp. 207-250). New York : Academic Press.

Yamaguchi, S. (2002). Cultural Psychology and Indigenous Psychology : Are they Foes or Allies ? *Cross-Cultural Psychology Bulletin*, **36** (2 & 3), 5-13.

3
個人主義と集団主義

山口 勧

はじめに

　日本人が集団主義的であるということは多くの日本人論の中で議論されてきたが，その具体的な内容についての解釈はさまざまであった．集団主義およびその対概念である個人主義は，これまで多くの意味で使われているが，ここでは，とりあえず，個人の利益と集団の利益とが対立したときに，集団の利益を優先させる傾向を集団主義と呼ぶことにする．一方，個人の権利や好みを重視し，それらが集団の利益に優先すると考えることを個人主義と呼ぶ．

　たとえば，友人のグループで旅行に行くことを考えてみよう．旅行先を選ぶときに自分は北海道に行きたいが，皆は沖縄を希望しているとする．そのとき，自分の希望を諦めて皆の望んでいる沖縄に行くことにすれば，その人は集団のために自分の希望を犠牲にし，集団主義的に振る舞ったといえよう．また，仕事場面では，会社のために超過勤務手当てを受け取らずにサービス残業をしたり，自分の体力の限界を超えてまで勤務した結果としての過労死なども集団主義的であるといえよう．さらに，家族も1つ

の集団と考えられるから，長男が自分の好きではない家業を不本意ながら継ぐというような行動も，集団主義的である．

　集団主義に関して，その否定的な側面を強調する立場と，肯定的な側面を強調する立場がありうる．まず，集団主義的に振る舞っていれば，個人的な権利や好みが犠牲になることがあるから，個人の権利を重視する者にとっては，集団主義は望ましくないということになる．一方，個人が個別利益にこだわらないことによって，集団内の利害対立に基づく紛争が少なくなるという利点もある．本章では，個人主義と集団主義のどちらが社会や個人にとって望ましいかではなく，それらをどのように理解したらよいかを考えていくことにする．

3.1　集団主義の国際比較

　よく日本人は集団主義的であるといわれるが，はたしてそれは日本人に限定されたものであろうか．たとえば，濱口は日本人の集団主義を人間関係の重視という視点からとらえて「間人主義」と呼んでいる．彼によれば，それは相互依存主義および相互信頼主義によって特徴づけられ，対人関係それ自体が価値をもつものであるという（濱口，1977）．

　このような指摘は確かに日本人の行動傾向を的確に言い当ててはいるが，それが日本人に特有なものだという確証はない．実際，集団主義に特徴的だと考えられるような行動傾向は他の文化にも見られるものである．たとえば，韓国の社会心理学者であるチャー（Cha, 1994）は，韓国の伝統文化にはグループの仲間をひいきしたり，感情を抑圧して自分の考えていることを率直に述べない，あるいは公私を混同するなどの傾向が見られると述べている．また，マーカスと北山（Markus & Kitayama, 1991；本書第4章参照）は，文化によって自己，他者，および人間関係についての理解の仕方

が異なっていると主張している．彼らは，文化により相互依存的自己理解をしているものと独立した自己理解をしているものがあるという．前者では，個人は離れ離れでなく，お互いに結合しあっているという理解が行われていると考えられる．そして，このような理解は，アジア人に特徴的であると考えられている．

　一方，西洋文化では，個人はそれぞれ他者から分離したものとみなされているという．個人は他者から独立し，個人のユニークな属性をアピールすることが当然であるし，またそうしなければならないと考えられている．このように他者から独立した存在としての自分を確立するためには，自分自身を自律的で独立したものと理解することが必要となってくるのは当然であろう．マーカスらの言う相互依存的自己理解は集団主義的な考え方であるといえるし，独立した自己理解は個人主義的な考え方であるといえよう．

　ホフステッド（Hofstede, 1980）は，ある多国籍企業の世界中の従業員を対象にした調査研究を行い，個人主義という次元が文化の次元として重要であることを見出した．彼の分類によれば北米，ヨーロッパ，およびオーストラリアで個人主義的傾向が強く，南米およびアジアで個人主義的傾向が弱いという．日本は個人主義の次元で，39カ国中22番目であった．一般的に，アジアや南アメリカで集団主義的傾向が強いことが知られている．

　このように見てくると，集団主義は日本文化に固有のものではなく，少なくともアジアなど他の文化と共通点があるものだと理解するのが適当であることがわかるだろう．より最近ではメリット（Merritt, 2000）が19カ国のパイロットを対象にして，同様の研究を行い，ホフステッドの結果を確認している．さらに，オイサーマンらはこれまでに行われた数多くの研究のレビューを行い，それの研究結果が基本的にホフステッドの示した文化差に対応していることを確認した（Oyserman, Coon, & Kemmelmeier,

2002).

　どのようにして個人主義的な文化と集団主義的な文化が生じたかを証明することは難しいが，1つの考え方に，どのような方法で食料確保が行われてきたかということが，文化の形成に影響を与えるというものがある．この考え方によれば，かつての日本のような農耕社会では人々は協力する必要があった．1人でも無謀なことをすると全員の生命にかかわるような事態になりかねない．そのために，個人は集団全体の結論に従うことを要請されるような文化が生じてくるということになる．一方，狩猟社会では，個人が失敗しても他者には影響しないことが多い．狩に失敗すれば，本人の食料が取れないことになるが，その失敗は独立して狩をしている他者には影響しない．そのため，個人の冒険は許容され，発明・発見が奨励されることになる．誰かが危険を冒して新しく効率的な狩猟法を開発してくれれば，多くの者がそれを享受できることになる．

　バリーら (Barry *et al*., 1959) は，子どもの育て方と社会のタイプとの関係を調べてみた．そして，農耕社会のように食料の蓄積度が高い社会では責任感や服従が重要であり，狩猟社会のように食料の蓄積度が低い社会では自立，成功することが子育てにおいて強調される傾向があることを見出している．確かに，現代の日本は農業国ではないが，嘉志摩が第6章で書いているように文化は継承されるものである．したがって，このような考え方に従えば，日本人の集団主義のルーツは農耕文化にあるということになる．

　さて，社会構造は時代とともに変化するものである．かつては農耕社会であった日本も急速な経済発展により農業人口は減少してきた．その過程で，所属集団が変化したり，増加するという現象が起こってきた．農村から都市部への人口移動が起こり，伝統的な農村集団に所属していた者が都市の中でさまざまな集団に所属することになった．また，経済水準の上昇

とともに，経済的に1つの集団に依存しなくなるという傾向も強まってきた．定職をもたずにアルバイトとして職場を点々とする若者（いわゆるフリーター）が存在するようになってきたのは，最近のことである．このような社会構造の変化は，集団に束縛されることを嫌う個人主義的な傾向を助長すると考えられる．実際，トリアンディス（Tridandis, 1988）は，国際比較をしてみて，国民総生産（GNP）とその国民の個人主義的傾向との間には高い相関関係（r=.82）があることを見出している*．

3.2 個人の集団主義的傾向

さて，集団主義について考えるときに，それを文化のレベルで考えると同時に，個人のレベルで考えることも必要である．上では，主に文化としての集団主義について述べてきた．そこでは，1つの文化に生活する者の平均が集団主義的かどうかということが問題になる．たとえば，日本人を平均すればアメリカ人の平均よりも集団主義的だろうから，日本人はアメリカ人よりも集団主義的だということになる．

ところが，相対的に集団主義的な文化でも，すべての人間が同じように集団主義的であるとは限らない．日本人が集団主義的であるといってもすべての日本人が同じように集団主義的なわけではなく，日本人の中にも相対的に集団主義的な傾向が強い者と弱い者がいるだろう．また，文化的には対照的なアメリカにも，相対的に集団主義的な者もそうでない者もいるだろう．集団主義的な個人がどのような特徴をもっているのかを知ることは，集団主義を理解するうえで大切なことと考えられる．

山口（Yamaguchi, 1994）は，個人の集団主義的傾向が，他者からの報酬を期待する傾向，他者から与えられる罰を恐れる傾向，そして他者と異なった意見をもったり独自の行動をしたりしない傾向と結び付いていると考

---

* 第2章で説明したように，相関関係が存在するということだけでは，因果関係を確定することはできない．この場合では，個人主義的になるとより生産的になり，国民総生産が増大する，という可能性が否定できない．

えた。人は，他者と協調することにより自分にとって良いこと（広い意味での報酬）が起こると期待して集団のために個人の利益を少なくとも一時的に犠牲にすることが考えられる。また，自分の愛する集団を守るためには自己を犠牲にすることもあろう。たとえば，自分の会社に対する愛社心から，健康をかえりみずに働き，病気になってしまったり命を落としてしまったりするかもしれない。一方，積極的に自分にとってよいことを期待しているわけではなく，ただ他者から排除されることを恐れている場合にも自分の利益を犠牲にすることが考えられる。グループ旅行をするとき，自分は北海道に行きたいが，皆が沖縄を望んでいる場合を考えてみよう。皆が沖縄を望んでいるのであれば，皆には沖縄に行ってもらって，自分はその旅行に参加しないという選択も可能である。しかし，そうしたことをすると次回からグループの旅行には誘ってもらえないことになるかもしれない。こう考えれば，不本意ながら沖縄旅行についていくことになるだろう。これは，他者から仲間外れにされるという広い意味での罰を恐れて集団主義的に行動した例といえるだろう。また，つねに集団主義的に振る舞っている人は，他者と同調するように気を付けることになるから自分独自の意見を表明したり，行動したりすることはないだろう。そのために，集団主義的な人は他者とは異なった独自の行動をしようとする欲求が低くなることが考えられる（図 3-1）。

　山口ら（Yamaguchi, Kuhlman, & Sugimori, 1995）は，以上のように考えて，個人の集団主義的傾向が他者のいる状況で報酬を期待する傾向（親和傾向），罰を恐れる傾向（拒否不安傾向），および他者にはない独自性を求める傾向（独自性欲求）などと関連しているかを，日本だけでなくアメリカおよび韓国の学生を対象に調べている。その結果，どの国でも集団主義的傾向が強い者ほど親和傾向および拒否不安傾向が強く，独自性欲求が弱いことが見出された。この結果は，どの文化であろうと，個人の集団主義

3 個人主義と集団主義　　　　35

```
┌──────────┐  ┌──────────┐
│  拒否不安  │  │  親和傾向  │
└────┬─────┘  └─────┬────┘
     │              │
     ▼              ▼
  ┌──────────────────────┐
  │  個人の集団主義的傾向  │
  └───────────┬──────────┘
              │
              ▼
       ┌──────────────┐
       │  低い独自性欲求  │
       └──────────────┘
```

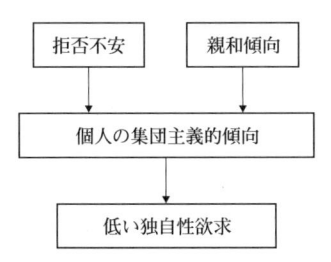

図3-1　集団主義的傾向と他の傾向との関係

的傾向には共通した特徴があることを意味する．

　上の研究のように個人に質問紙に対する回答を求めるような方法では，実際に個人が集団主義的な傾向をもっていなくとも，個人が文化的な価値と一貫した回答を行ってしまうことがありうる．これは第2章で説明したような問題である．そこで，被験者が何を測定されているかわからないような仕方で，本当の個人主義あるいは集団主義的な傾向を測定することができればそのほうが望ましい．このような測定を可能にする方法に，最近開発された Implicit Association Test がある（Greenwald, McGhee, & Shwartz, 1998）．これは，コンピュータ上で概念間の結びつきの容易さを測定することによって，被験者の本当の態度や傾向性を知ろうとするものである．この方法では，たとえば自分と他人とで，どちらが快あるいは不快なできごととの連合ができやすいかを測定する．

　この方法を個人主義と集団主義に対する態度に応用した研究によれば，日本人学生のうち約半数は自分と個人主義的な特性を（集団主義的な特性よりも）結び付けやすいという結果が得られている（村上・山口, 2002）．この数字は，日本人が一般にいわれているほど集団主義的ではないことを意味しているのかもしれない．ただし，日本が他の国と比べて，相対的に集団主義的なのか個人主義的なのかについて判断するためには，外国でも

同様のデータを収集して，文化間の比較をする必要がある．また，この結果が学生に限定されたものであるかどうかという点も検討する必要がある（これは第2章で述べた外的妥当性の問題である）．

3.3 集団主義および個人主義と関連した行動傾向および認知傾向

それでは，集団主義的な傾向あるいは個人主義的な傾向は，具体的にどのような行動傾向と関連しているのであろうか．トリアンディス（Triandis, 1994）は，表3-1のように多くの特徴を挙げている．その表にある行動傾向などのほとんどはまだ実際に確認されてはいないが，レウンたちによれば（Leung & Bond, 1984），集団主義的な文化で育った中国人の学生は，アメリカ人の学生よりも内集団において報酬を各人に平等に配分することを好んでいた．ここで，内集団とは自分の所属する集団のことであり，この研究の場合には，友人集団であった．つまり，仲間内では平等な配分を好んでいたということである．さらに，報酬を平等に配分する者をより好み，その者をより公正であるとみなす傾向があった．また，友人間では衡平な分配よりも平等な分配の方が公正とみなされていた．報酬の平等な配分とは，各人に同じだけの額を配分することであり，衡平な配分とは，働きに応じた配分のことである．こうしたことから，集団主義的な者は，とくに内集団（仲間内）において衡平性よりも平等性を好むといえよう．

ただし，上のようなことは，個人間の配分についてのことであり，集団間の配分では必ずしも平等志向が顕著ではない．たとえば，山口らは架空の報酬分配状況で，個人間で平等志向の女子大生が，集団間では成果に応じた衡平配分を行う傾向があることを報告している（Yamaguchi, Inoue, Muramoto, & Ozawa, 1997）．

表 3-1 集団主義および個人主義に特有の傾向 (Triandis, 1994)

	集団主義的傾向	個人主義的傾向
	集団が社会的知覚の基本的単位	個人が社会的知覚の基本的単位
帰 属	他者の行動は，規範の反映であると解釈する 成功は，他者からの援助のおかげであり，失敗は努力不足であるとみなす	他者の行動を，性格や態度によって説明する 成功は，能力のため 失敗は，外的要因のため（課題が困難であった，運が悪かった）
自 己	自己を所属集団・対人関係で定義する 友人が自分に似ているよりも，自分が友人に似ている 認知的不協和をあまり経験しない 集団の目標の方が，個人の目標よりも優先する，あるいは集団の目標が個人の目標となる	自己は独立したものとみなされる 友人が自分に似ているほど，自分は友人に似ていない 大きな認知的不協和を経験する 集団の目標よりも個人の目標が優先する
感 情	他者志向的（同情） 長続きしない 謙虚な人を好む	自己に焦点がある（怒り） 長く続く 自信のある人を好む
認 知	自分が集団と何が同じか 集団の要求 状況に依存する 相互依存的な信念を好む 集団との一体化を好む 安全・服従・義務・内集団の和・階級・個人的な関係に価値を置く	集団の中で自分はどう違うか 自分の要求・権利・能力 状況に関係ない 集団からの独立・分離を反映した信念を好む 集団からの独立を好む 楽しみ・達成・競争・自由・自律・公正な取引に価値を置く
不 幸	仲間から追放されること	他者に依存すること
内 集 団	少ないが，緊密な関係を保っている 内集団は外集団よりも同質的であるとみなす 集団内での和が要求される 内集団が多くの行動に影響し，その影響力は大きい 似た者同士で集団を構成する（人種，血縁）	多くの関係が短期的で感情的にならない 内集団のために自己犠牲をする意思があまりない 内集団は外集団よりも異質であるとみなす 討論や対立も受容される 獲得された属性によって集団を構成する（信念，地位）
社会行動	他者が内集団に所属するか外集団に所属するかで非常に異なる 簡単に友人にはならないが，一度友人になれば親密な関係となる 内集団の規範に基づいて行動する 公共の物を大切にしない	相手が内集団・外集団のどちらに所属するかによって少ししか違わない 集団の出入りは簡単だが，集団内の関係の大部分は親密ではない 一般化した公的規範に基づいて行動する

3.4 集団主義と個人主義の分類

これまで，個人の利益と集団の利益のどちらを重視するかという単純な視点から個人主義と集団主義を区別してきた．そうすることによって，個人主義と集団主義は対立した概念となり，この概念を用いて文化差が単純に説明できることになる．しかしながら，研究が進むに従って，個人と集団との多様なかかわり方が明らかになり，単純な個人主義 対 集団主義という構図では，文化差を理解するのに不十分であることが認識されるようになってきた．

そこで，たとえばトリアンディス (1990) は，個人主義を個人の目標のみに基づいて行動する自己陶酔的個人主義 (narcissistic individualism) と，コミュニティの目標と個人の目標とが統合されている社会的個人主義 (communal individualism) に分類している．さらに，より最近では個人主義，集団主義とも垂直的なものと水平的なものとに分類されると主張している (Triandis, 1995)．垂直的個人主義では，平等性は重要ではなく，市場価値に基づいて人間の価値も決まるとされる．アメリカがこのタイプの文化の代表的な例である．一方，水平的個人主義では，高い平等性に価値が置かれる．北欧型の個人主義がこのタイプである．もちろん，どちらのタイプの個人主義でも個人の自由には高い価値が置かれている．他方，日本のような垂直的集団主義では，集団内での権威者が強い力をもつが，イスラエルのキブツのような水平的集団主義では，集団成員間の高い平等性が重要とされる．どちらのタイプの集団主義でも，個人の自由があまり尊重されないことは同じである．また，キム (Kim, 1994) は，個人主義および集団主義のどちらにもさまざまな形態がありうることを主張している．

この問題についての結論はこれからの研究を待たなければならないが，

少なくとも個人主義と集団主義とは常に対立したものではないと考えるのが適当であるように思われる (Kashima, Yamaguchi, Kim, Choi, Gelfand, & Yuki, 1995).

引用文献

Barry, H., III, Bacon, M. K., & Child, I. L. (1959). Relations of child training to subsistence economy. *American Anthropologist*, **61**, 51-63.
Cha, J. -H. (1994). Aspects of individualism and collectivism in Korea. In U. Kim, H. C. Triandis, C. Kagitcibasi, S. C. Choi, & G. Yoon (Eds.), *Individualism and collectivism : Theory, method, and applications* (pp. 157-174). Thousand Oaks, CA : Sage.
Greenwald, A. G., McGhee, D. E., & Schwartz, J. L. K. (1998). Measuring individual differences in implicit cognition : The Implicit Association Test. *Journal of Personality and Social Psychology*, **74**, 1464-1480.
濱口惠俊 (1977).『日本らしさの再発見』日本経済新聞社.
Hofstede, G. (1980). *Culture's consequences*. Beverly Hills, CA : Sage.
Kashima, Y., Yamaguchi, S., Kim, U., Choi, S., Gelfand, M. J., & Yuki, M. (1995). Culture, gender, and self : A perspective from individualism-collectivism research. *Journal of Personality and Social Psychology*, **69**, 925-937.
Kim, U. (1994). Individualism and collectivism : Conceptual clarification and elaboration. In U. Kim, H. C. Triandis, C. Kagitcibasi, S. C. Choi, & G. Yoon (Eds.), *Individualism and collectivism : Theory, method, and applications* (pp. 19-40). Thousand Oaks, CA : Sage.
Leung, K. & Bond, M. H. (1984). The impact of cultural collectivism on reward allocation. *Journal of Personality and Social Psychology*, **47**, 793-804.
Markus, H. R. & Kitayama, S. (1991). Culture and the self : Implications for cognition, emotion, and motivation. *Psychological Review*, **98**, 224-253.
Merritt, A. (2000). Culture in the cockpit : Do Hofstede's dimensions replicate? *Journal of Cross-Cultural Psychology*, **31**, 283-301.
村上史朗・山口勧 (2002).「The Implicit Association Test による潜在的認知の一貫性の検討：自己・集団主義・快さの概念間の連合を用いて」『日本社会心理学会第43回大会発表論文集』pp. 72-73.

Oyserman, D., Coon, H. M., & Kemmelmeier, M. (2002). Rethinking individualism and collectivism: Evaluation of theoretical assumptions and meta-analyses. *Psychological Bulletin*, **128**, 3-72.

Triandis, H. C. (1988). Collectivism and individualism: A reconceptualization of a basic concept in cross-cultural psychology. In C. B. G. K. Verma (Ed.), *Personality, attitudes, and cognitions* (pp. 60-95). London: Macmillan.

Triandis, H. C. (1990). Cross-cultural studies of individualism and collectivism. In J. Berman (Ed.), *Nebraska Symposium on Motivation, 1989* (pp. 41-133). Lincoln, Nebr: University of Nebraska Press.

Triandis, H. C. (1994). Theoretical and methodological approaches to the study of collectivism and individualism. In U. Kim, H. C. Triandis, C. Kagitcibasi, S. C. Choi, & G. Yoon (Eds.), *Individualism and collectivism : Theory, method, and applications* (pp. 41-51). Thousand Oaks, CA: Sage.

Triandis, H. C. (1995). *Individualism and collectivism*. San Francisco, CA: Westview Press. (『個人主義と集団主義』神山貴弥・藤原武弘（編訳），北大路書房，2002年)

Yamaguchi, S. (1994). Collectivism among the Japanese: A perspective from the self. In U. Kim, H. C. Triandis, C. Kagitcibasi, S. C. Choi, & G. Yoon (Eds.), *Individualism and collectivism : Theory, method, and applications* (pp. 175-188). Thousand Oaks, CA: Sage.

Yamaguchi, S., Inoue, H., Muramoto, Y., & Ozawa, S. (1997). Reward allocatioin among groups and individuals: A vignette study. In K. Leung, U. Kim, Y. Kashima, & S. Yamaguchi (Eds.), *Progress in Asian Social Psychology, Vol. 1* (pp. 77-92). Singapore: Wiley.

Yamaguchi, S., Kuhlman, D. M., & Sugimori, S. (1995). Personality correlates of allocentric tendencies in individualistic and collectivistic cultures. *Journal of Cross-Cultural Psychology*, **26** (6), 658-672.

4

「自己」への文化心理学的アプローチ*

北山 忍

はじめに

日本では「出る杭は打たれる」のに対し，アメリカでは「騒々しい歯車ほど油をもらえる（The squeaky wheel gets the grease）」．日本の政治家は，いかにして互いに協力し，そして「和」をもって国を治めるかの議論に終始するが，アメリカの政治家は，それぞれの主義主張をもって他と対決することを常としている．また先のご成婚で小和田雅子の母親は，娘が①皇太子に仕え，そしてかつ②幸せになるよう祈ったが，この前後のアメリカのマスコミの論調から判断すると，多くのアメリカ人にとって，この両者がどう両立しうるのかは理解するのが非常に難しいようである．つまり，ハーバード大学を出，外務省で自分のキャリアを確立しつつある一個の人間が，それが夫でありまた皇太子であるといえども，結局のところは別人に仕えることによって，一体なぜ「幸せ」を獲得できようか，というわけである．

これらさまざまな日常のエピソードは，異なった文化には非常に多様な「人とは何か」，あるいは「自己とはいかなる存在であるのか」といった暗

---

* 本章は，北山 (1995)．「文化的自己観と心理的プロセス」『社会心理学研究』10 (3)，153-167 に基づいている．

黙の前提があることを示唆している．アメリカ文化では，自己とは相互に独立したものであるという前提があるのに対して，日本文化では関係志向的，相互協調的側面が強調されている．このような文化的前提は，文化そのものを形づくり，そのような文化で育まれる心の性質に，ある一定の影響をもち，そのようにして成り立つ心は今度は，文化そのものを維持，変容していく．ここに見られる心と文化の相互関係を検討することが，近年生まれてきている文化心理学の主眼である（北山，1998）．

4.1　自己と文化

　文化的に共有された自己観の性質を体系的に分析するために，マーカスと北山は，2つの典型的な文化的自己観——とくに西洋文化，とりわけ北米中流階級で優勢な「相互独立的自己観」と，日本を含む東洋文化で優勢な「相互協調的自己観」——を区別してきている（Markus & Kitayama, 1991：北山，1995；1998）．これら自己観は，各人がそれを受け入れたり，それに反逆したりする価値観としてあるだけではない．むしろそれらは，文化的慣習・ルーティン化されたスクリプト，儀礼的行為，社会的制度など，各文化にある日常的現実を歴史的に構成してきている．つまり，文化的自己観は現実を構成する機能をもつ．その結果，文化的自己観は物事に意味を与え，それらについて考え，感じ，あるいはそれらに対して実際に行動する際の「準拠枠」をその文化で生きる人々に提供してきている．このような文化的準拠枠（cultural frame）は，魚にとっての水と同様，暗黙のうちに受け入れられ，通常，ある文化の中に「浸って」いる限りは疑うことすらままならない．

相互独立的自己観

　アメリカ合衆国をはじめとする西欧文化で優勢な相互独立的自己観によれば，自己とは他の人や周りのこととは区別され，切り離された実体である．自己はしたがって，周りの状況とは独立にある主体のもつさまざまな属性によって定義されている．たとえば，能力，才能，性格特性，動機などである．近代西洋の歴史において，自己を相互に独立した存在とするこのような見方は，西洋思想のいくつかの流れの中に反映されている．たとえば，啓蒙思想期の思想家にまでその源流をたどることのできる合理的心性への信頼や，ルソー以来のロマン派哲学に見られる，自然な「本当の」自己を表現することへの賛美などである．

　このような，相互独立的自己観をさまざまな形で表現している思想は欧米において繰り返し起きる日常の慣習や社会構造に反映されている．たとえば，合理的心性への信頼は討論や議論を重要視する慣習に現れていようし，また自己表現の賛美は，欧米の日常生活でさまざまなことを個人的に選択する機会が（たとえば，東洋におけるよりも）はるかに多いことなどに現れている．このようにして自己とは相互に独立したものであるという概念は，現代欧米の社会の現実そのものを構成してきているわけである．その結果，このような文化・社会に適応し，そこにあるコミュニティーで「一人前」の人となり，そのように周りからも認められるための必要条件（「ライフ・タスク」）は，自らの内に望ましい，誇るに足る属性を見出し，あるいはつくりだし，それらを確認し，かつ外に表現し，そのような属性を現実のものとしていくことである．独立し他者から切り離された自己を確認することは，自己や人生一般への満足の大きな要因である．

相互協調的自己観

　これに対し，日本をはじめとする東洋文化で優勢な相互協調的自己観に

よれば、自己とは他の人や周りのことごとと結び付いて高次の社会的ユニットの構成要素となる本質的に関係志向的実体である。自己の定義は、したがって、ある特定の状況や他者の性質によって大きく異なる。人間関係そのもの、あるいはそこにある関係性の中で意味づけられている自分の属性が、そこにおける自己の中心的定義となる。次節で詳述するように、東洋文化の歴史において、自己を相互に協調し、依存した存在とするこのような見方は、仏教や儒教などの教えに体現化されたさまざまな思想に反映されている。さらに、このような相互協調的自己観を表現している思想は東洋の各文化において繰り返し起きる日常の慣習に反映されている。

　このようにして自己とは他者と相互に協調・依存したものであるという通念は、日本を含む東洋文化の日常の現実そのものを構成してきている。その結果、このような文化・社会に適応し、そこにあるコミュニティーで「一人前」の人となり、そのように周りからも認められるための必要条件(「ライフ・タスク」)は、意味ある社会的関係を見出し、自らをその中の重要な一部分として認識し、また周りの人にそう認識されることである。相互に依存・協調し他者と密接に結び付いた自己を確認することは、自己や人生一般への満足の大きな要因である。

　もしもいわゆる心理機能の多くが文化的環境への適応の結果として形成されるとしたら、心理機能の形態も文化の多様性に応じてかなり異なっていても不思議ではない。以下では、この可能性を、とくに認識、感情、そして動機づけの各分野について代表的実証例とともに概説する。

4.2 認　識

　文化的に共有された自己観は、認識のプロセスのさまざまな側面に影響をもたらすであろう。とくに、自己や他者の行動の知覚とか自他の行動に

ついての善悪の判断といった社会的場面での認識は,「人とはこういったものだ」という暗黙の文化的前提を基にしてなされることが多いであろう.文化的自己観は,このような前提を提供することによって社会的認識の形態に大きな影響をもたらすであろう.

自己認知

　相互独立的自己の中心的属性は,状況にかかわらず比較的不変の内的属性特性(たとえば,人格特性や才能)である.これに対して,相互協調的自己の中心的属性は関係性の中に埋め込まれた形をとる.したがって,ここでは,特定の,比較的具体的な社会的状況の中で定義される特性(たとえば,役割,地位など)が自己定義の中心になるであろう.

　この点を探索するために,まず考えられるのは,自己記述の内容の分析である.トリアンディス(Triandis, 1989 ; 1994)は,「私は……」という刺激に対して,なるべくたくさん,最高20まで自己記述を書かせるという自己記述課題を用い,自己記述に含まれる社会的グループやカテゴリー(たとえば,「私は京大生だ」,「私は母親だ」など)の割合を文化間で比較してきている.本章での分析から予測できるように,アメリカ人被験者ではこの割合は15%前後であるのに対して,アジア系の被験者ではこれよりかなり高いことを報告している.たとえば,日系ハワイ人の大学生では28%,中国人の大学生に至っては半数以上(52%)がこのような社会的反応によって占められている.日本人大学生の間でもこのような傾向は強い(Cousins, 1989).一方,抽象的人格特性の出現頻度では,アメリカ人のほうがアジア系の被験者より一般に高くなることが知られている(e.g., Shweder & Bourne, 1984).

他者認知

　自己知覚において文化的自己観が一種のデフォールト的枠組みを提供するとしたら，同様の可能性は他者知覚にも当てはまるであろう．たとえば，他者の行動を説明する際，アメリカ人は社会的行動の原因を行為者自身の内的，心理的属性に求め，状況的要因は無視しがちである．われわれの文化的自己観の分析からすると，この傾向は人の行動をその内的属性の発現として理解する相互独立的自己観に特有のものであるかもしれない．相互協調的自己観が暗に受け入れられている東洋文化では，むしろ他者の行動を説明するに際して，当人が反応している社会的状況のほうに注意が向くのかもしれない．

　モリスとペン（Morris & Peng, 1994）は，魚の群の離合集散を表したアニメーションを中国とアメリカで用い文化間で物理的刺激を同一にしたうえで，同様の現象を示した．アニメーションには，たとえば，群れの中から，1匹の魚が離れていくものや，1匹の魚が1つの群れに合流するものなどがあった．これらの刺激に対し，被験者は他と異なる動きをする魚の行動の原因を推測した．アメリカ人も中国人も魚を擬人化して理解していた．しかし，「人」についての素朴理論が異なるというここでの予測どおり，アメリカ人被験者は中国人被験者よりも内的帰因，すなわち魚自体の意図性が原因であると推論したのに対し，中国人被験者はアメリカ人被験者よりも外的要因，すなわち魚をとりまく群全体の状況，他の魚の影響などが原因であると推論していた．

4.3　感　情

　文化的に共有された自己観は，感情のプロセスのさまざまな側面にも大きな影響をもたらすであろう．とくに，感情経験のどういった側面が文化

心地よさの性質

快・不快は感情の内的経験の中心である．さらに，社会化の経験を通じて，成功は快と失敗は不快と，それぞれ結び付いていく．しかし，どのような成功や失敗が最も重要なものであるか，そのいずれがより頻繁に起きるかなどは，個々の文化のもつ暗黙の自己観の性質によって大きく異なるであろう．

この点を検討するために，北山 (1998) は3種類の望ましい感情を用意した．まず，第1は自己の独立という課題の成功によって引き起こされる，「誇り」とか「有頂天」といった，自己を対人関係から脱関与させる「脱関与的肯定感情」，第2は自他の相互協調という課題での成功によって起きる，「親しみ」とか「尊敬」といった，自己を対人関係の中にさらに関与させる「関与的肯定感情」，第3はより一般化された，原理的にはどちらのタイプの成功によっても引き起こされうる「うきうき」とか「リラックスした」といった「一般化された肯定感情」である．日米の大学生に日常それぞれの感情をどれくらいの頻度で感じるのか回答を求め，これらの感情の経験頻度間の相関を求めた．

まず，アメリカでは一般化された肯定感情は，脱関与的肯定感情と非常に高い相関があった．つまり，アメリカ文化では「誇り」などといった自己の独立を確認する感情をよく経験する人は，「うきうき」などといったより一般的な肯定感情も頻繁に感じがちである．しかし，一般化された肯定的感情と関与的肯定感情との間の相関は比較的低かった．これは，アメリカ文化にあっては自己の相互協調を確認したからといって必ずしも一般化された肯定感情を感じはしないことを示している．

一方，日本での相関のパターンはこれとは全く逆であった．つまり，日本では一般化された肯定感情は，関与的肯定感情と非常に高い相関があった．「親しみ」などといった自他の相互協調を確認する感情をよく経験する人は，「うきうき」などといったより一般的な肯定感情も頻繁に感じがちである．しかし，一般化された肯定感情と脱関与的肯定感情との間の相関は比較的低かった．これは，日本文化にあっては，自己の独立を確認したからといって必ずしも一般化された肯定感情を感じはしないことを示している．

4.4 動機づけ

同様の文化差は，動機づけの分野にも見られる．従来，欧米の文献では，動機づけとは，自らの中にあって，目標を生成し，その目標に向けて自分を駆り立て，それを達成しようとしむける心理的プロセス一般を指して使われている．欧米の心理学理論における達成動機の概念はこのような前提を自明なものとしているといってよい．しかし，このような前提は欧米文化に根づく相互独立的自己観の反映であると考えられる．つまり，欧米の研究において，動機とは，個人それぞれの内にあって，それぞれをとりまく社会的状況やそこから来る報酬や罰の構造とは，理論的に別のものである……つまり，内発的であると仮定されている．しかし，このような理論的枠組みの他文化への直接の適用は妥当性を欠いているかもしれない．

具体的には，日本をはじめとする相互協調的文化における動機は，社会の中に埋め込まれ，かつ自らを主体的にそこに関与していくことから育まれるものであると考えられる．たとえば，日本を研究する多くの研究者が指摘してきている．日本人の役割志向的動機は役割という社会的制度と概念的に独立にあるわけではない．むしろ，役割に積極的に関与していくこ

とがその中心的構成要素である．あるいは，役割として社会的に明示されていなくても，日本人は，しばしば他者からの期待を「らしさ」として内面化し，そのような内面化された社会的期待へ向かって動機づけられることが指摘されている．これらの事実は，動機づけの形態が文化的に共有された自己観によって大きく異なることを示唆している (Kitayama, Markus, Matsumoto, & Norasakkunkit, 1997).

4.5 結 論

本章では，相互独立と相互協調の2つの文化的自己観を区別し，相互独立的人間観に基づいた文化は，非常に異なった「ライフ・タスク」を提供していると論じた．その結果，それぞれの文化への適応過程から帰結する心理的プロセスの性質に大きな違いが生じてくるわけである．ここから明らかなように，われわれの心理機構の多くは，社会的に形づくられ，したがって，その形態は社会的場面において最も端的に現れると考えられる(北山, 1998)．心理学に対する社会・文化的アプローチは，世界の国際化とともに実用的重要性が増してきているばかりでなく，人間理解一般に対しても重要な貢献をなしうると考えるゆえんである．

引用文献

Cousins, S. D. (1989). Culture and self-perception in Japan and the United States. *Journal of Personality and Social Psychology*, **56**, 124-131.
北山忍 (1995)．「文化的自己観と心理的プロセス」『社会心理学研究』**10**(3), 153-167.
北山忍 (1998)．『自己と感情：文化心理学による問いかけ』認知科学会（編），認知科学モノグラフ，共立出版．
Kitayama, S., Markus, H. R., Matsumoto, H., & Norasakkunkit, V. (1997). Individual and collective processes in the construction of the self：

Self-enhancement in the United States and selfcriticism in Japan. *Journal of Personality and Social Psychology*, **72**, 1245-1267.

Markus, H. R. & Kitayama, S. (1991). Culture and the self : Implications for cognition, emotion, and motivation. *Psychological Review*, **98**, 224-253.

Morris, M. & Peng, K. (1994). Culture and cause : American and Chinese attributions for social and physical events. *Journal of Personaltiy and Social Psychology*, **67**, 949-971.

Myers, D. (1996). *Social psychology*. 5th ed. New York : McGraw Hill.

Shweder, R, A. & Bourne, E. J. (1984). Does the concept of the person vary cross-culturally ? In R. A. Shweder, & R. A. Le Vine (Eds.), *Culture theory : Essyas on mind, self, and emotion* (pp. 158-199). Cambridge University Press.

Triandis, H. C. (1989). The self and social behavior in differing cultural contexts. *Psychlogical Review*, **96**, 506-520.

Triandis, H. C. (1994). *Culture and social behavior*. New York : McGraw Hill.

5 文化と関係性

村本 由紀子

はじめに

近年，比較文化的な視点をもった研究によって，人の認知や態度，行動には，さまざまな文化差があることが指摘されるようになった．その多くは，アメリカを中心とする欧米の人々と，日本や中国などのアジア（とくに東アジア）の人々を対象とした，比較研究の成果である．しかしながら，こうした文化差を論じるうえでは，"アメリカ人"，"日本人"といったカテゴリーの違いよりも，むしろ，それらの差を生じさせている要因としての，人々の「関係性（relationship）」の違いに眼を向けることが重要である．

関係性とは，ひとことでいえば，同じ集合体に属する人々の，心理的な結び付きのことである．家族，友人，学校，会社……等々，どのような集合体においても，そこに属する人々の間には，それぞれの関係性がある．日本社会，アメリカ社会といった，非常に大きなレベルの集合体がもつといわれるそれぞれの「文化」も，そこに生きる人々が織り成す，「関係性の束（集積）」としてとらえることが可能である．

この章では，達成原因帰属に関する文化差を例にして，(1)心理プロセス

に関して見出される文化差の背景には，それぞれの社会において「優勢(dominant)」な関係性の違いがあること，(2)関係性が異なれば，日本人であれアメリカ人であれ，それに応じて異なる心理プロセスを生起させる可能性があること，を示す．そして，これらの議論を通じて，関係性の視点から文化をとらえることの意義について，考えていくこととする．

5.1 心理プロセスの文化差と，関係性の視点

成功と失敗の原因帰属における文化差

従来の欧米の理論によれば，人は，自分が成功したときにはその原因は自分の能力が高いからだと考えがちであるが，失敗したときには能力が低いとは考えず，運が悪かったとか，周囲の環境が悪かったというように，外に原因を求める傾向があるといわれる（e.g., Miller & Ross, 1975）．こうした傾向は，「自分の自尊心を守りたい・高めたい，という欲求の現れである」と，従来の理論は解釈している（e.g., Zuckerman, 1979）．実際，欧米の研究成果によれば，自尊心の高い人ほど，こうした"自己高揚的な"原因帰属の傾向が強いという（Blaine & Crocker, 1993）．

ところが，日本人をはじめとするアジアの人々の間では，しばしば，欧米人の場合とは逆の傾向が見出される．たとえば1994年秋，ノーベル文学賞を受賞した大江健三郎は，「たまたま生き残っている私が」受賞したに過ぎない，と語った（『朝日新聞』1994年10月14日）．また，2000年夏に開催されたシドニー・オリンピックの柔道競技で，微妙な判定で決勝に敗れ，金メダルを逃した篠原信一は，審判の誤審が原因ではないかという日本マスコミの論調とは裏腹に，「弱いから負けた．それだけです．……（審判には）不満はありません」と答えた（『朝日新聞』2000年9月23日）．実際，アジアの人々を被験者とした研究では，自分の成功については，運がよかっ

た，周囲に恵まれたなど，外的要因への帰属がなされやすく，失敗については能力不足，努力不足など，自分自身の内的要因への帰属がなされやすい（e.g., Kashima & Triandis, 1986；北山・高木・松本，1995）．

こうした"自己卑下的な"帰属の傾向だけをとらえれば，日本人は欧米人とは逆に，自尊心を低める方向に原因帰属を行う，と考えることもできる．また，「自尊心の高い人ほど自己高揚的な帰属傾向をもつ」という欧米の知見（Blaine & Crocker, 1993）に従うならば，日本人は一般に欧米人より自尊心が低い，ということになってしまう．しかし，本当にそうだろうか．

帰属傾向の文化差の背景にある関係性の違い

村本と山口（1999）は，日本人被験者に，人生における重要な成功・失敗経験を挙げてもらい，それらの原因として最も重要だと思うものを，自由記述によって回答してもらった．さらに，周囲の他者がそのことについてどう考えるかを，推測してもらった．その結果，被験者は，両親や配偶者，友人といった身近な他者が，自らの成功については能力や努力などの内的要因への帰属を，失敗については運や環境などの外的要因への帰属を，より強く行うだろうと予期していた．たとえば，志望大学に合格した人は，自分では「まぐれだ」と考えていても，同時に，周囲の他者が「実力があったから合格できた」と評価してくれることを信じていた．逆に，不合格になってしまった人は，自分では「力不足だった」と語る一方で，他者は「運が悪かった」と考えてくれる，と信じていたのである．さらに，実際に，周囲の他者に原因帰属を行ってもらったところ，本人の推測どおりの好意的な評価が得られることが確認された（Muramoto, 2002）．

自らは自己卑下的な帰属を行いつつも，周囲の他者による好意的な帰属を期待する，という被験者の傾向は，彼らの自尊心が，他者からのサポー

トという間接的な形で，守られ，また，高められることを示している．すなわち，日本人の帰属傾向の背景には，他者との間で互いの自尊心を支え合うような，「相互配慮的な関係性」があると考えることができる．

文化人類学者のLebra（1976）によれば，日本の公の社会関係（ritual situation）では，自分の面子（face）と他者の面子の両方を守ることに力点が置かれる．他者の面子を守るためには人は控え目でなければならず，しかし同時に，自身の威厳も保たなければならない．これを果たすために，間接的なコミュニケーションや「思いやり」が重視される．こうした特徴はまさに，相互配慮的な自尊心の支え合いのシステムに一致する．

これに対して，欧米でしばしば見られる自己高揚的な帰属傾向の背景には，人と人とがそれぞれに自立した個人として，各々の自尊心を自ら守っていく「相互独立的な関係性」がある（Markus & Kitayama, 1991）．こうした関係性のあり方の違いが，自尊心の維持・高揚に関する異なった心理システムを生むと考えられる．すなわち，原因帰属傾向の文化差が示しているのは，欧米人とアジア人の"自尊心の高さ"の違いではなく，両者が身を置いている関係性の違いと，それに応じた自尊心の維持・高揚システムの違いであると考えることができる．

5.2 関係性に応じた意味の体系

関係性の違いは，しばしば，人々の間で共有されている"意味"の違いとして現れる．それぞれの関係性には，人々が日々のコミュニケーションを通じて，知らず知らずのうちにお互いの中に培い，共有してきた意味の体系がある．逆にいえば，1つの同じ事柄や行為が，異なる関係性の下では，異なる意味を持ちうるともいえる．

箕浦（1997）は，「きつね」と「たぬき」の例を使って，このことを説明

している．「わたし，きつね」「わたし，たぬき」という2人の会話の断片を聞いたとき，この会話がどのような意味をもつかは，蕎麦屋での会話なのか，学芸会の配役を決めるときの会話なのか，動物園で見たい動物を選んでいるときの会話なのかなど，その会話がなされた場面や文脈によって異なってくる．そして，たとえば関東圏の蕎麦屋においては，きつねは油揚げ，たぬきは天かすという，特有の意味をもつ．蕎麦屋の意味の体系を共有している人々の間では，このことは自明であるが，それを知らない人にとっては，会話はまったく違ったものに聞こえる．たとえば，日本に来たばかりの留学生は，「ひょっとすると，狐の肉や狸の肉がこのレストランでは出されるのかもと仰天するかもしれない」（箕浦, 1997, p. 46）．

　先に見た，自分の成功や失敗にかかわる原因帰属傾向に関しても，同じことがいえる．すなわち，自己高揚的な帰属や自己卑下的な帰属は，関係性に応じて，異なった意味をもつということである．村本ら（Muramoto, Yamaguchi, Kim, Kosaka, & Yu, in press）は，日本・アメリカ・韓国の中学生を対象として，シナリオを用いた比較実験を行った．シナリオは，被験者と同じ中学生の主人公が，学校のマラソン大会で優勝し，全校生徒の前でその感想を述べる，というものであった．その際，自分の成功の原因を能力に帰属する条件・努力に帰属する条件・運に帰属する条件，という3つのバリエーションを設けた．その結果，日本と韓国の被験者はいずれも，自己卑下的な運帰属を行う人物を，最も親しみやすい・温かい・信頼できる・リーダーにふさわしい，と評定した．その反面，正直さの点においては，運帰属を行う人物よりも，能力帰属や努力帰属を行う人物のほうが，より正直であると評定した．すなわち，日本や韓国の中学生は，成功を運に帰属する人物の言葉を額面どおりには受け取らず，実際にはその人物に能力や努力があったはずだ，と考えていることがうかがえる．一方，アメリカの被験者は，運帰属を行う人物を，最も親しみやすく，温かくは

あるが，リーダーシップの点では最も劣っている，と評価した．また，日本や韓国とは逆に，運に帰属する人物が，最も正直であると評価していた．

シナリオ中の主人公の行為は，日本や韓国の中学生には，相互配慮的な関係性の文脈で理解され，アメリカの中学生には，相互独立的な関係性の文脈で理解された，と考えることができる．前者においては，自己卑下的な帰属は他者への配慮の現れでもあり，また，そのことで，その人物の有能さが他者から低く評価されることはない．しかし後者においては，同じ自己卑下的な帰属が，額面どおり，その人物の有能さについて他者にネガティブな印象を与えることになる．ここでは，主人公が自分の能力や努力に自信があるなら，当然に，自らそのことを口にするはずだ，と考えられているのである．

このように，個人は，ある関係性の中で生きるうちに，そこで展開される行為のやり取りの中に込められている，その関係性に特有の意味を理解し，暗黙のうちに，他者とその意味を共有し合うようになる．そして，意識する・しないにかかわらず，その意味の体系に従った，認知や行動を生起させることになる．関係性に応じて異なった心理プロセスが生起することの背景には，こうした意味体系の作用があると考えることができる．

5.3 さまざまな関係性の存在

上記のとおり，個人が身を置いている関係性に応じて，心理システムは異なった様相を示すと考えられる．このことは，逆にいえば，「同じ日本人，または同じアメリカ人であっても，関係性が異なれば，別の傾向が見出される場合もある」ということを示唆している．

たとえば，日本人の場合，公の社会関係に多く見られる相互配慮的な関係性は，親密な家族の間にも，同じように成り立つとはいえない．村本と

山口（印刷中）が行った社会調査によれば，多くの日本人にとって，家族の関係性は，職場や学校などの人間関係とは多くの点で異なっていた．家族は心の支えである，家族になら甘えられる，家族との絆は永続的なものだと感じる，家族の喜びや悲しみは自分のことのように感じる，等々，家族の関係性には，公の社会関係にはない，強い心理的一体感が見られたのである．

　Lebra (1976) によれば，こうした「心理的一体感の強い関係性」の下では，お互いが「面子や社会的仮面をはぎとり，ありのままの自己をさらけ出すことができる」(p. 116)．この場合，互いの自尊心に対する相互配慮の必要性は生じないと考えられる．他者と自己とが心理的に一体化しているがゆえに，自らの自尊心を守り，高めることが，そのまま他者の自尊心を高めることにつながるからである．したがって，相互配慮的な関係性の下で生起するような，間接的・応報的な自尊心の維持・高揚システムではなく，より直接的な自己高揚のシステムが働く可能性がある．実際，村本と山口（印刷中）の調査では，同じ個人が，家族と一緒にいるときには自己高揚的，職場や学校などの社会的な場にいるときには自己卑下的な振る舞いをする，という結果が得られた．しかも，家族に対する心理的一体感が強い人ほど，家族状況における自己高揚の度合いが一層大きいことも，確認された．

　欧米人を対象とした研究でも，友人と一緒にいる状況では，見知らぬ他者と一緒にいる状況と比して，自分の能力について，より控え目な自己評価を行う，という知見がある (Tice, Butler, Muraven, & Stillwell, 1995)．このことは，欧米においても，自己を高揚するか控え目であるかの選択が，周囲の他者との関係性に応じてなされうることを示唆している．

　このように，ひとことで日本社会，アメリカ社会，といっても，そこには異なる関係性をもった，さまざまな集合体が存在している．同じ日本人，

アメリカ人であっても、関係性が異なれば、それに応じて異なる心理プロセスが立ち現れる可能性がある。この意味で、"日本人は自己卑下的、アメリカ人は自己高揚的"といった二分法的な議論には、限界があるといえる。

5.4 関係性としての文化

重なり合う関係性

以上のとおり、日本社会、アメリカ社会といった、非常に大きなレベルの集合体の中には、さらに多様な集合体が含まれており、さまざまな関係性を築いている。しかしその一方で、それぞれの社会には、「優勢（dominant）な」関係性というものが確かに存在している。たとえば、日本社会では相互配慮的な関係性が優勢、アメリカ社会では相互独立的な関係性が優勢、というように、各々の社会における関係性のあり方には、特有の"色"を見て取ることができる。こうした"色"の違いは、いかにして生まれうるのだろうか。

関係性は、個々の単位で見れば、必ずしも安定したものではなく、つねに流動的、可変的なものである。たとえば、ある家族の関係性は、10年前も今も、まったく同じというわけではない。親密だった母子が、何かの出来事をきっかけに、疎遠になってしまうこともあるだろう。いかなる集合体であっても、昨日よりは今日、今日よりは明日と、日々、前の日にはなかった新たな経験を共有していくことによって、人々はつねに、その関係性を少しずつ塗り替えている。その意味で、ある集合体における関係性は、特定の一瞬を切り取って眺めている限りにおいては、あくまで一時的・流動的なミニマル・モデルに過ぎない。

しかし、その一方で、どのような集合体においても、今日の関係性が昨日までの関係性の歴史の上に築かれているということには、疑う余地がな

いだろう．すでに述べたとおり，ある関係性において共有されている意味の体系は，暗黙のうちに，そこに属する個々人の認知や行動を，その体系に即したものへと方向づける．また逆に，個々人が，特定の意味の体系に沿った認知や感情を生起させたり，行為のやり取りを繰り返したりすることによって，その関係性は，いわば「予言の自己成就」的に，守られ，再生産されていく．たとえば，厚い信頼関係を築いている友人どうしは，迷わずお互いに深いレベルの自己開示をし合う．そしてまた，互いに隠し事をもたず自己開示をし合うからこそ，ますます彼らの信頼関係は，揺るぎないものになっていく．

このように，ある集合体における関係性と，そこに属する個人の認知や行動のあり方とは，「相互構成的な」関係にある（e.g., 北山，1998；山岸，1998）．個人は，既存の関係性から一方的に影響を受けるだけの存在ではなく，逆に，そうした個人の実践が，翻って，関係性の形成と維持に影響を与えてもいるのである．それゆえ，関係性の特質は，時間の流れを超えて，かなりの程度，受け継がれ，蓄積していく．

さらに，ある関係性の特質は，1つの集合体の中で受け継がれるだけではなく，集合体を超えて受け継がれることもある．すなわち，ある集合体の関係性には，そこに身を置く個人が，別の集合体の中で経験してきた関係性の特質が持ち込まれる．たとえば，母子の関係性には，母自身が子どもの頃に自分の母との間で築いた関係性が，かなりの程度，持ち込まれる．また，学校で，新年度に新しく編成されたクラスの関係性は，それぞれの生徒が，前年度までに別のクラスで築いてきた関係性の特質を持ち込み合い，互いに調整し合うことによって，形づくられる．

このように，いかなるレベルの集合体においても，そこに属する人々の間には，時間や空間を超えて積み重ねられた，「関係性の束（集積）」がある．そのような関係性の連鎖が，結果的に，ミニマルな関係性の差異を凌

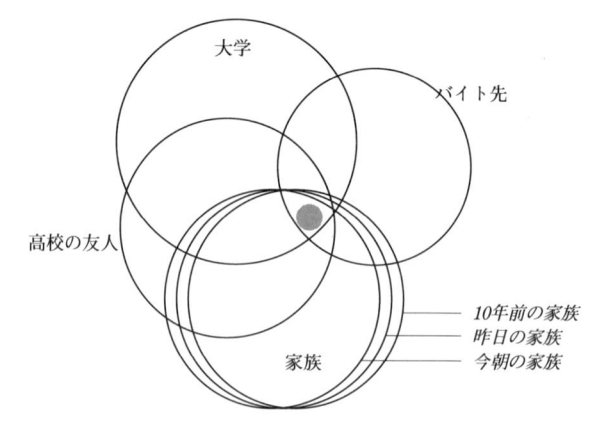

図5-1 マイクロな個人にとっての関係性の束（仮説的モデル図）

駕して，それぞれの集合体において優勢な関係性のあり方を浮かび上がらせることになると考えられる．

個人がもつ関係性の束

重なり合う「関係性の束」の概念は，マクロな社会の中だけでなく，マイクロな個人の中にも想定することが可能である（図5-1）．1人の個人は，生まれてから，日々，さまざまな関係性に取り巻かれて暮らしている．幼い子どもにとっては，家族との関係性だけがすべてであるが，やがて幼稚園（保育所），学校と，外の社会に出て行くにつれて，個人は，家族以外のさまざまな関係性に出会うことになるだろう．

いかなる個人も，すべての関係性が，特定の他者と共有されることはありえない．たとえば，双子は，家族という重要な関係性を共有しているといえるだろうが，学校で別のクラスやサークルに属したり，別の友人をもったりすることによって，お互いに異なる関係性の中にも身を置くようになる．すなわち，一人ひとりがもっている関係性の束は，その人に固有の，

ユニーク (unique) なものである．

　個々人が，これまでの人生において積み重ねてきた関係性の束の中にも，人それぞれの優勢な関係性というものがあるだろう．そのことが，個々人に，ある特定の認知や行動の傾向を生起させやすい，という特徴を与える．たとえば，日本に生まれ育った個人でも，成長期に，たまたま相互独立的な関係性をもつ集合体に属し，長く時間を過ごしてきたとすれば，その個人にとっては，その後も，「自己は他者や周りのことごととは区別され，切り離された実体である」(Markus & Kitayama, 1991) という前提に立った認知や行動が，いわば"デフォルト（初期値）"として，生じやすくなるかもしれない．また，その同じ個人が，家族との間では心理的一体感の強い関係性を築いていたとすれば，「自己は，家族とだけは切り離されてはいない」と感じ，家族に対しては，別の態度を示すかもしれない．このように，関係性の束は，マクロな社会においてその社会の"文化"を形づくっていると同時に，マイクロな個人の"個性"をも生じさせているものであると，考えることができる．

5.5　ま　と　め

　本章では，達成原因帰属という心理プロセスにおいて見出された文化差を手がかりとしながら，人々を取り巻く関係性の問題について，考察を進めてきた．そして，文化差の背景に，それぞれの社会において優勢な関係性の違いがあることを，指摘してきた．

　関係性の視点は，原因帰属に限らず，その他の心理傾向に関して見出される文化差を説明するうえでも有用であると思われる．たとえば近年，アイエンガーとレッパー (Iyengar & Lepper, 1999) は，ものごとに取り組むときの「意欲」と「自発的な選択」との関連について，興味深い比較研究

を行っている．彼らの実験によれば，ヨーロッパ系アメリカ人の子どもは，自分で選択した課題に対して最も意欲を示し，実験者や母親が選んだ課題を与えられた場合には，あまり意欲的ではなかった．ところがアジア系の子どもは，これと異なり，実験者が選んだ課題にはあまり意欲を示さなかったが，母親が選んだという課題に対して，自分自身で選んだ場合以上に，意欲的に取り組んだという．

また，東(1994)は，日米母子研究の中で，母親の子どもに対する態度や行動が子どもの知能や学力にどのように影響するかを，子どもが5～6歳の時点と，11～12歳の時点の2度にわたって調査した．その結果，アメリカでは，11～12歳時の子どもの知的達成には母親の要因はほとんど影響を及ぼしていなかったのに対して，日本では，多くの要因が強い影響力をもっていた．すなわち，日本の子どものほうが，小学校時代の知能や学力の伸びに関して，母親の態度や行動の影響を受けやすい，ということが明らかとなった．

こうした研究結果も，単に，欧米とアジアの子どもは"意欲のもち方"が違う，と考えるのではなく，「母子の関係性の違い」という観点から解釈することが可能である．アメリカにおいては，多くの場合，母親は子どもがかなり幼いうちから，母と子は相互に独立した個人であるという前提のもとに子育てをするといわれる (e.g., Johnson, 1993 ; 恒吉, 1992)．たとえば，乳児のうちから母子の寝室は別にされることが多く，子どもは，自分が母とは別の個人であることに早くから気づく．また，子どもが少し大きくなると，母は，子どもが自己主張や自発的な選択を行うことを奨励する．

これに対して日本では，多くの場合，母子が心理的にも身体的にも一体化した状態での子育てが，比較的長期にわたって続く傾向がある．かなり長い間，母子は寝室をともにするし，また，子どもが大きくなってからも，母はつねに，子どもの考えていること，欲していることを，最もよく察し

てくれる存在である．

　このように，欧米の母子の間には概して「相互独立的な関係性」があるのに対し，日本の母子の間には「心理的一体感の強い関係性」がある．こうした関係性の違いゆえに，子どもの意欲に母の意向や態度がかかわる度合いには，上記のような文化差が現れると考えることができる．また，当然ながら，こうした母子の関係性のあり方は，それぞれの家庭によっても異なっているはずである．アイエンガーとレッパー（1999）の被験者の間にも，ヨーロッパ系，アジア系を問わず，それぞれに個人差が見られる．こうした個人差は，個々人がもつ，母子の関係性のユニークさを反映していると考えることができる．

　このように，関係性の視点は，さまざまな心理傾向の文化差の意味を考えるうえで，1つの鍵となりうると思われる．文化差の背景には，それぞれの社会において優勢な関係性の違いがあると考えられる．そしてまた，関係性が異なれば，日本人であれアメリカ人であれ，それに応じて異なる認知や行動が生起する可能性がある．関係性の視点から文化をとらえ直し，研究を重ねることによって，"アメリカ人は○○，日本人は△△"といった単純なカテゴリー化を超えた，より普遍的な枠組みを提起できるのではないだろうか．

引用文献

東　洋（1994）『日本人のしつけと教育：発達の日米比較にもとづいて』．シリーズ人間の発達，12. 東京大学出版会.

Blaine, B. & Crocker, J. (1993). Self-esteem and self-serving biases in reactions to positive and negative events : An integrative review. In R. Baumeister (Ed.), *Self-esteem : The puzzle of low self-regard*. New York : Plenum Press.

Iyengar, S. S. & Lepper, M. (1999). Rethinking the value of choice : A cultural perspective on intrinsic motivation. *Journal of Personality and*

Social Psychology, **76**, 349-366.

Johnson, F. A. (1993). *Dependency and Japanese socialization : Psychoanalytic and anthropological investigations into amae*. New York : New York University Press.

Kashima, Y. & Triandis, H. C. (1986). The self-serving bias in attributions as a coping strategy : A cross-cultural study. *Journal of Cross-Cultural Psychology*, **31**, 111-124.

北山忍 (1998).『自己と感情：文化心理学による問いかけ』認知科学会（編），認知科学モノグラフ，共立出版．

北山忍・高木浩人・松本寿弥 (1995).「日本的自己の文化心理学：Ⅰ 成功と失敗の帰因」『心理学評論』**38**, 247-280.

Lebra, T. S. (1976). *Japanese patterns of behavior*. Honolulu : University of Hawaii Press.

Markus, H. R. & Kitayama, S. (1991). Culture and the self : Implications for cognition, emotion, and motivation. *Psychological Review*, **98**, 224-253.

Miller, D. T. & Ross, M. (1975). Self-serving biases in the attribution of causality : Fact or fiction? *Journal of Personality and Social Psychology*, **36**, 1211-1223.

箕浦康子 (1997).「文化心理学における〈意味〉」柏木惠子・北山忍・東洋（編）『文化心理学：理論と実証』東京大学出版会．

Muramoto, Y. (2002). An indirect self-enhancement system in relationship among Japanese. Paper presented at the 25th International Congress of Applied Psychology, Singapore, July 7-12.

村本由紀子・山口勧 (1999).「関係性の中の自己高揚：日本人の帰属における自己卑下・集団奉仕傾向の共存とその意味」『日本グループダイナミックス学会第47回大会発表論文集』, pp. 96-97.

村本由紀子・山口勧（印刷中).「"自己卑下"が消えるとき：内集団の関係性に応じた個人と集団の成功の語り方」『心理学研究』.

Muramoto, Y., Yamaguchi, S., Kim, U., Kosaka, A., & Yu, S.-Y. (in press). Self-serving and group-serving bias : Comparative analysis of Japanese, Korean, and US data. In U. Kim, S.-C. Choi, & G.-H. Cho (Eds.), *Post-modern psychology : Indigenous, social, and cultural perspectives*. Seoul : Hana Medical Publishers.

Tice, D. M., Butler, J. L., Muraven, M. B., & Stillwell, A. M. (1995). When modesty prevails : Differential favorability of self-presentation to friends and strangers. *Journal of Personality and Social Psychology*, **69**, 1120-1138.

恒吉僚子 (1992).『人間形成の日米比較：かくれたカリキュラム』中公新書.
山岸俊男 (1998).『信頼の構造：心と社会の進化ゲーム』東京大学出版会.
Zuckerman, M. (1979). Attribution of success and failure revisited, or : The motivational bias in alive and well in attribution theory. *Journal of Personality*, **47**, 245-287.

6

文化の継続性

嘉志摩 佳久

はじめに

　文化は世代を超え，時代を超えて維持され，続いていくものである．たとえば，30年前と現在の日本の文化には，大きな変化の中にも時代を超えた継続性があることは否定できないだろう．文化的な特性がある程度の持続性をもつことは，最近のさまざまな研究結果からも推測される．ホフステッド (Hofstede, 1980) は，1960年代から70年代にかけて世界中の文化を調査し，個人主義を中心とするさまざまな文化差を研究した．それ以後，80年代に大がかりな文化差研究は3つなされ (Chinese Culture Connection, 1987 ; Schwartz, 1994 ; Smith, Dugan, & Trompenaars, 1996)，メタアナリシス*もされているが (Oyserman, Coon, & Kemmelmeier, 2002)，これらの研究からも個人主義に準ずるような文化のディメンションが見出され，ホフステッドの個人主義と高い相関をもつことが認められている．Merritt (2000) によれば，90年代に収集された各国航空パイロットのデータからもホフステッドの個人主義のディメンションが再確認され，20年前に比較的個人主義的だった文化はいまでもやはり個人主義的であることがわかって

---

*　メタアナリシスとは，ある特定の研究分野，または研究対象について，すでに完了している通常の研究の結果を，定量的にとりまとめるデータの分析方法である．通常の研究では個人または集団の反応が分析の単位となるのが普通だが，メタアナリシスでは1つの研究の結果が分析の単位となるのが特徴である．

いる．1つの社会の中で時代の変動に伴う文化の変遷があるのは当然としても，短期間では，世界の中での文化の相対的な位置づけはそれほど変わらないのである．

文化が持続されるというのは一見当たり前のようではあるが，翻って考えてみると，これは容易なことではない．日本を例にとってみよう．1億人以上の人々は，たいてい思い思いに自分の生活を送っているのであり，日本の文化を保っていこうという意図をもって暮らしているわけではない．30年の間には世代の交代も起こり，社会の中枢で意思決定に携わる人たちも変わり，さらに社会制度すら変化している．それにもかかわらず，そこに文化の持続性があるとすれば，文化とはいったいどのようにして維持されているのだろうか？　場合によっては，人々が意図的に文化を維持しようとすることもあろうが，多くの場合，そのような意図なしに，ごく普通の社会行動の過程で文化を持続させていく結果になるのではないか？　ここでは，このような過程を「文化の再生産」と呼ぶことにしよう．日常的な社会行動や心の働きが，文化の再生産の過程とどのようにかかわっているかを理論的に考えるのが本章の目的である．

6.1 理論的枠組み

どの文化にも，「人間観」，つまり「人間とはどういうものか」という問いに対する答え，いわば理論ともいえるようなものがあるといわれている．たとえば，人間はみな利己主義的であり，放っておけばお互いのことを考えずに，自分の好き勝手なことをするだろう，という考えがある．あるいは，人は本来善い性質をもっているが，世間の冷たい風に吹かれているうちに，根性が曲がってしまうのだ，という考えもある．どちらも一種の人間観である．ここでは，人間一般に関する考え方だけでなく，特定の社会

6 文化の継続性

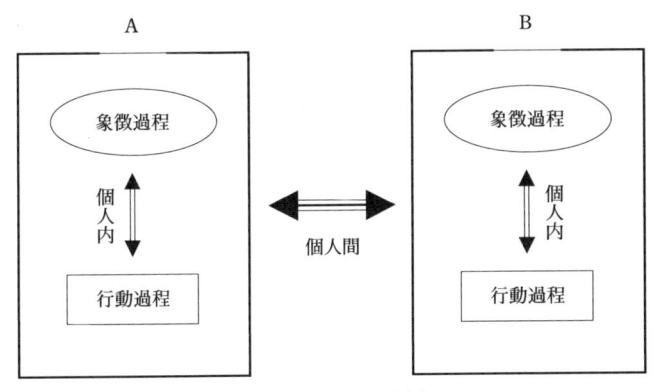

```
        A                          B
 ┌─────────────┐            ┌─────────────┐
 │  ╭─────╮    │            │   ╭─────╮   │
 │  │象徴過程│   │            │   │象徴過程│  │
 │  ╰─────╯    │            │   ╰─────╯   │
 │    ↕個      │    個人間    │     ↕個     │
 │    人       │  ⇔⇔⇔⇔    │     人      │
 │    内       │            │     内      │
 │  ┌─────┐   │            │   ┌─────┐  │
 │  │行動過程│   │            │   │行動過程│  │
 │  └─────┘   │            │   └─────┘  │
 └─────────────┘            └─────────────┘
```

図 6-1 本章の理論枠組み

集団に関する考え方，いわゆるステレオタイプ*，も人間観の一種として取り扱うことにする．ステレオタイプとは，特定の社会集団（男性，女性，アメリカ人等）に対してもたれる，文化的に共有され，一般化された考え，イメージをさす．1つの文化の中には，何種類もの人間観やステレオタイプがあるものだが，そのうちでも特に多くの人に共有されているものがある．ここでは，文化的に共有される人間観が，どのようにして再生産されていくかを社会心理学の知見を中心に考えてみよう．

図 6-1 は，本章で使われる理論枠組みを簡単に表記したものである．AとBの2人がいたとして，この2人に関して起こる社会心理的な過程を，象徴過程と行動過程の2つに分けて考えよう．象徴過程は記号，言語，心的表象などの象徴として働くものにかかわる過程である．象徴過程は，思考，感情，欲求といった心理現象にかかわる個人内のものと，個人間の会話や手紙などによるコミュニケーションにかかわるものに大別される．人が自分1人で考えるときに使う表象（心的表象）と他の人と話をするときに使う表象（言語）は当然異なった物理過程を伴うが，いずれも象徴機能

---

* ステレオタイプは，Lippmann (1922) によってつくられた造語といわれる．特定の社会集団に対してもたれる「頭の中にある絵」で，一度できるとなかなか変わらないうえ，場合によっては差別的な要素も含む．

をもつ．つまり，思考も，言語も，それ以外の何かを表し，表されるものの代わりとなる機能をもっているのである．たとえば，「猫」という言葉や，頭の中で考える「ネコ」のイメージは，本当の猫を象徴的に表す．これに対し，行動過程とは社会生活を営むときに通常人々がお互いに観察，知覚できる人間の身体の動きを指す．

　社会心理学の研究によれば，象徴過程と行動過程は複雑な関係をもっている．ここでは，1人の人間に焦点を当てる場合と，2人以上の人が相互にかかわり合って行動する場合に分けて2つのプロセスの相互関係を考察することにする．

6.2　個人内および個人間の象徴過程

　文化に特有な人間観は，日常的な，ナイーブな理論（専門的，科学的理論ではなくて）として，個人内および個人間の象徴過程に関与している．たとえば人間観は，人がなぜある行動をとったのかというような判断に強く影響する．他人の行動の説明についての比較文化的研究によれば，ヨーロッパ系の人々は，アジア系の人々（日本人，中国人，インド人等）と比べて，行為者個人の要因で説明する傾向が強い (Kashima et al., 1992; Miller, 1984; Morris & Peng, 1994)．これは，ヨーロッパ文化の個人主義的人間観が個人内および個人間の象徴過程に及ぼす影響を示しているといえよう．行動の説明というのは，個人内的な過程であるが，もともと個人間で行われる象徴行為でもあるからだ (Hilton, 1990)．

　このような文化的人間観は，さまざまなやり方で維持，継続されている．まず個人内のプロセスを見てみよう．第一に，人間観に当てはまらない行動や事件には，私たちは気づきにくい可能性がある．また，たとえ気がついたとしても，その事件を人間観に当てはまるように解釈し直してしまう

可能性がある (Kunda & Oleson, 1994). さらに，その事件が人間観と食い違ったものとして認められた場合でも，例外的，普通でないもの，異常なもの，というカテゴリーに入れられてしまうこともある (Weber & Crocker, 1983). いい換えれば，個人内の象徴過程は，われわれにそのつもりがあるとないとにかかわらず，文化的人間観を維持する結果となる可能性が高いことになる．このような知見は，従来のスキーマ理論 (Fiske & Taylor, 1991) でも支持される．スキーマとは，さまざまな事物について個人がもつ一般的期待である．また，スキーマ理論をより動的に変容させたものとしての，コネクショニズムの理論とも整合的な考え方である (Kashima, Woolcock, & Kashima, 2000).

しかし，ある人間観を社会的に見て好ましくないとし，できるだけ排除しようとすることもありうる．人種に基づく差別的なステレオタイプが意識にのぼらないように抑え付け，コントロールしようとする場合である．しかし，意図的にコントロールしようとすると，ステレオタイプはかえって意識にのぼりやすくなるという皮肉な結果になる (Macrae et al., 1994).

個人内だけでなく，個人間の象徴過程も文化的人間観の維持，継続に一役買っている．一般的に，ステレオタイプに当てはまらない事例についていろいろと考えを巡らせた場合，ステレオタイプに当てはまらない事例をよく記憶する傾向がある，といわれている (Stangor & McMillan, 1991). このために，人間観が変容しやすいのではないかと考える向きもあるが，事態はそれほど単純ではない．最近の研究によれば，たとえ十分にステレオタイプについて考察する時間があり，ステレオタイプに当てはまらない事例を個人がよく記憶していても，何人もの人の間では，結局ステレオタイプに整合的に，当てはまる事例が伝達される可能性が高いことがわかった (Kashima, 2000a).

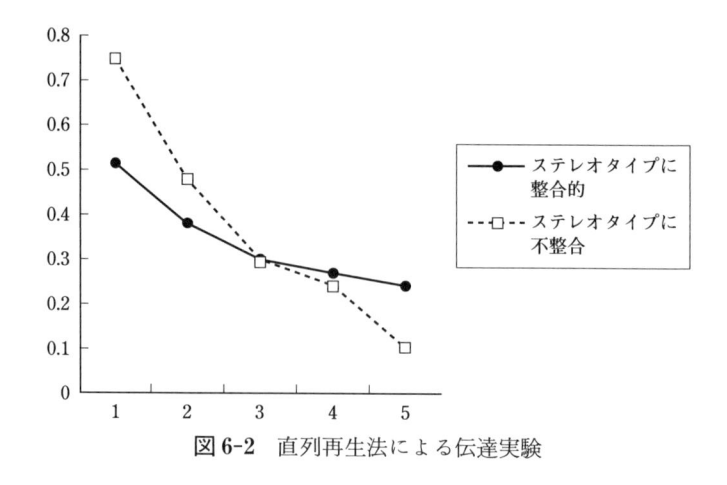

図 6-2　直列再生法による伝達実験

　図 6-2 に表されているのは，直列再生法（method of serial reproduction；Bartlett, 1932）という方法によって得られた実験結果である．つまり，最初の個人がステレオタイプに当てはまる事例と，当てはまらない事例を読み，それを次の人に伝達する．2 番目の人は，最初の人の書いたものを読んで，3 番目の人に伝達する．というように，順番に事例を再生していくのである．そうすると，最初の人はステレオタイプに当てはまらないことをよく憶えていても，3 番目，4 番目の人は，ステレオタイプに当てはまることをよく再生するようになる．いい換えれば，文化的に共有されている人間観（ステレオタイプはその一例である）に当てはまることは，人から人へと伝達される可能性が高いのである．結果として，文化的人間観は個人間のプロセスでも維持，継続されることになる．

6.3 個人内の象徴過程と行動過程の相互関係
―― 自己概念について

　自己概念とは，自分自身に関する概念である．自分も人間である以上，自己概念も当然文化的人間観の影響を受ける．このように，自分の特性として「私有化」された文化的人間観が，自己概念として個人の行動に影響を与えるのである．さらに，個人の行動も，その人の自己概念に影響を与えることになる．個人の自己概念と行動との間には，複雑な相互関係が存在するのだ．ここでは，この相互関係に焦点を当てて，簡単に論ずる．

　Aが，「自分は人間関係を大事にする」，という自己概念をもっていたとしよう．この自己概念を変えたいと思わない限り，Aは，友人を大切にしようとするだろう．ただし，ここでいう自己概念と，性格の特性 (personality trait) とは区別されるべきだろう．性格の特性は，自分が自分をどう思っているかとは無関係に，その個人の行動に一貫性を与えるものとされる．自己概念は，自分が自分をどう思っているかということに焦点がある．一般的に，機会さえあれば，人はできるだけ自己概念に沿った行動をしようとするだろうといわれている (Triandis, 1977)．

　さらに一歩進んで，ほかの人が自己概念と食い違ったイメージを自分に対してもっていると思ったときは，どうするだろうか？　社会心理学の研究によれば，自分に関する相手の思い違いを改めるように行動する傾向があるといわれる (Swann & Ely, 1984)．つまり，われわれは自己概念に忠実なように行動して満足するだけではなく，他の人も自分を自分と同じように見るように行動するのである．

　このように自己概念に沿って行動する結果，自己概念に当てはまる行動がますますよく記憶されることになろう．マーカス (Markus, 1977) の実

験でも実際これが確認されている．いわば，自分の行動は，結局自己概念が正しいということを裏書することになるのである．つまり，自己概念と行動の間には，相互に補強的な関係がある．人は自己概念に当てはまるように行動する傾向があり，その行動自体，自己概念の正しさを証明する．このような関係を正のフィードバック（positive feedback）の過程という．自己概念と行動とは，お互いを維持，保存していくように働いているのである．

6.4 個人間の象徴過程と行動過程の関係
―― 他者概念について

文化の人間観は，自己概念だけでなく，他者概念にも影響を与える．他の人も人間である以上，同じ「理論」が当てはまるはずであろう．いまAが，Bに関する他者概念をもっていたとしよう．この他者概念は，Bの行動にどのような影響を与えるのだろうか？　ここでは，ある人の象徴過程が他の人の行動過程にどのような影響を及ぼすか，という個人間の象徴過程と行動過程の関係に焦点を当ててみよう．

ローゼンタールら（Rosenthal & Jacobson, 1968）の研究によると，教師が学生をどう評価しているかによって，学生の成績が変わってくるという．良い成績を修めるだろうと思われていた学生は，実際に良い成績を修め，それほど成績が良くないだろうと思われていた学生は，結局あまり良い成績をあげなかった．このような現象を一般的に自己成就的予言（self-fulfilling prophecy；Merton, 1948）という．他者概念が，それに当てはまる現実をつくり出してしまう好例である．

似たような現象はさまざまな形で再確認されている（e.g., Snyder, Tanke, & Berscheid, 1977）．一般的にいって，AがBに関してある他者概念をも

っていたとすると，Ｂはこれに基づいた予想どおりの行動を観察することになり，自分の他者概念の正しさを「再確認」することになる．自己概念と行動の関係と同様，他者概念と行動にも正のフィードバックの関係があるのだ．

　ジシャムら（Jussim, 1986 ; Jussim & Felming, 1996）の最近の研究によれば，他者概念が他者の行動をつくり出す傾向はそれほど強くないという．とくに，Ａの他者概念がＢの自己概念，または行動と食い違う場合には，他者概念が現実をつくり出す可能性は低いとされている．しかし，他者概念が自己概念や現実の行動に合致している場合，つまり他者概念がすでに存在している社会的現実を維持，継続させていく働きについては，ジシャムらにも異論はあるまい．

6.5　人間観と文化の継続性について

　ここでこれまでの議論をまとめて考えてみよう．図6-3はそのまとめを図表に表したものである．まず，第一に，文化的に共有された人間観は，個人内でも個人間でも象徴過程を通じて維持，継続される傾向があることが確認された．個人内の心理過程でも，人と人との間のコミュニケーションの過程でも，人間観は再生産されていく可能性が高い．次に，自己概念がそれに見合った自己行動を生み出し，そして自己行動自体が自己概念を正当化してゆく傾向があることについて論じた．いい換えれば，文化に共有される人間観に影響された自己概念は，その人間観に当てはまるような行動を生み出し，行動はさらに文化の人間観を再生産する．

　このようにして文化の人間観がそれに見合った社会的現実をすでにつくり出している場合，人間観は他者概念を通じても再生産されうる．そもそもＡのＢに関する他者概念とＢの自己概念が同じ文化の人間観に基づい

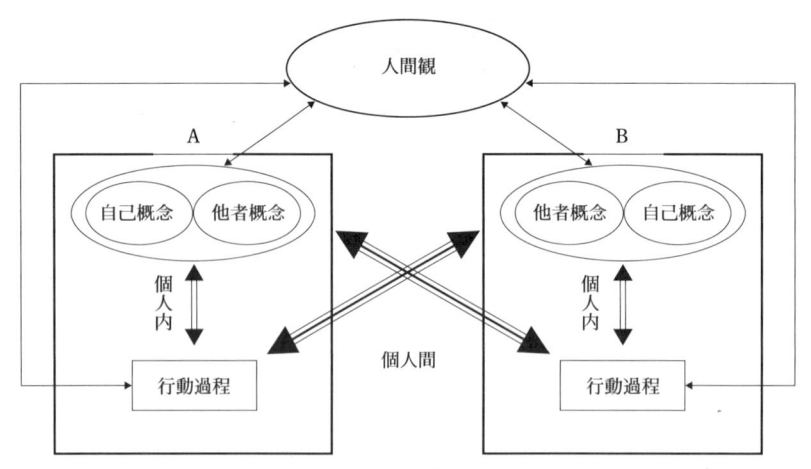

図6-3　本章の議論の模式図

ている場合，その2つが類似している可能性が高い．この場合，Bは，AのBに対する他者概念に見合ったように行動をする可能性が高いのである．

　個人内そして個人間の象徴過程，また行動過程は，一体となって文化的に共有されている人間観を再生産している．もちろんここでは，文化の再生産のごく一部を人間観という概念を使って大雑把に論じえたに過ぎない．より精緻な理論化は，文化のさまざまな部分についての研究を待たねばならない．そして，文化とは単に維持，継続されていくだけではない，不断の変化と変容の過程でもあるはずである．文化の維持と変化 (筆者は，それを文化の力学 cultural dynamics と呼んでいる；Kashima, 2000b；2001) の社会心理学の構築は，これからの課題である．

引用文献

Bartlett, F. C. (1932). *Remembering : A study in experimental and social psychology*. Cambridge, UK : Cambridge University Press.

Chinese Culture Connection (1987). Chinese values and the search for culture-free dimensions of culture. *Journal of Cross-Cultural Psychology*, **18**, 143-163.

Fiske, S. T. & Taylor, S. E. (1991). *Social cognition* (2nd ed.). New York : McGraw-Hill.

Hilton, D. J. (1990). Conversational processes and causal explanation. *Psychological Bulletin*, **107**, 65-81.

Hofstede, G. (1980). *Culture's consequences*. Thousand Oaks, CA : Sage.

Jussim, L. (1986). Self-fulfilling prophecies : A theoretical and integrative review. *Psychological Review*, **93**, 429-445.

Jussim, L. & Felming, C. (1996). Self-fulfilling prophecies and the maintenance of social stereotypes : The role of dyadic interactions and social forces. In C. N. Macrae, C. Stangor, & M. Hewstone (Eds.), *Stereotypes and stereotyping* (pp. 161-192). New York : Guilford.

Kashima, Y. (2000a). Maintaining cultural stereotypes in the serial reproduction of narratives. *Personality and Social Psychology Bulletin*, **26**, 594-604.

Kashima, Y. (2000b). Conceptions of culture and person in psychology. *Journal of Cross-Cultural Psychology*, **31**, 14-32.

Kashima, Y. (2001). Culture and social cognition : Towards a social psychology of cultural dynamics. In D. Matsumoto (Ed.), *Handbook of culture and psychology* (pp. 325-360). New York : Oxford University Press.

Kashima, Y., Siegal, M., Tanaka, K., & Kashima, E. S. (1992). Do people believe behaviours are consistent with attitudes? Towards a cultural psychology of attribution processes. *British Journal of Social Psychology*, **31**, 111-124.

Kashima, Y., Woolcock, J., & Kashima, E. S. (2000). Group impressions as dynamic configurations : The tensor product model of group impression formation and change. *Psychological Review*, **107**, 914-942.

Kunda, Z. & Oleson, K. C. (1994). Maintaining stereotypes in the face of disconfirmation : Constructing grounds for subtyping deviants. *Journal of Personality and Social Psychology*, **68**, 565-580.

Lippmann, W. (1922). *Public opinion*. New York : Wiley.

Macrae, C. N., Bodenhausen, G. V., Milne, A. B., & Jetten, J. (1994). Out of mind but back in sight: Stereotypes on the rebound. *Journal of Personality and Social Psychology*, **69**, 397-407.

Markus, H. R. (1977). Self-schemata and processing information about the self. *Journal of Personality and Social Psychology*, **35**, 63-78.

Merritt, A. (2000). Culture in the cockpit: Do Hofstede's dimensions replicate? *Journal of Cross-Cultural Psychology*, **31**, 283-301.

Merton, R. K. (1948). The self-fulfilling prophecy. *Antioch Review*, 8, 193-210.

Miller, J. G. (1984). Culture and the development of everyday social explanation. *Journal of Personality and Social Psychology*, **46**, 961-978.

Morris, M. W. & Peng, K. (1994). Culture and cause: American and Chinese attributions for social and physical events. *Journal of Personality and Social Psychology*, **67**, 949-971.

Oyserman, D., Coon, H. M., & Kemmelmeier, M. (2002). Rethinking individualism and collectivism: Evaluation of theoretical assumptions and meta-analyses. *Psychological Bulletin*, **128**, 3-72.

Rosenthal, R. & Jacobson, L. (1968). *Pygmalion in the classroom : Teacher expectations and student intellectual development*. New York: Holt-Rinehart & Wilson.

Schwartz, S. H. (1994). Beyond individualism/collectivism: New cultural dimensions of values. In U. Kim, H. C. Triandis, C. Kagitcibasi, S.-C. Choi, & G. Yoon (Eds.), *Individualism and collectivism : Theory, method, and application* (pp. 85-122). London: Sage Publication.

Smith, P. B., Dugan, S., & Trompenaars, F. (1996). National culture and the values of organizational employees. *Journal of Cross-Cultural Psychology*, **27**, 231-262.

Snyder, M., Tanke, E. D., & Berscheid, E. (1977). Social perception and interpersonal behavior: On the self-fulfilling nature of social stereotypes. *Journal of personality and Social Psychology*, **35**, 656-666.

Stangor, C. & McMillan, D. (1991). Memory for expectancy-congruent and expectancy-incongruent information: A review of the social and social-developmental literatures. *Psychological Bulletin*, **111**, 42-61.

Swann, W. B., Jr. & Ely, R. J. (1984). A battle of wills: Self-verification versus behavioral confirmation. *Journal of Personality and Social Psychology*, **46**, 1287-1302.

Triandis, H. C. (1977). *Interpersonal behavior*. Monterey, CA: Brooks/Cole.

Weber, R. & Crocker, J. (1983). Cognitive processes in the revision of stereotypic beliefs. *Journal of Personality and Social Psychology*, **45**, 961-977.

7 集団間関係と社会的アイデンティティーの文化的視点

ジェームズ・リュー（James Liu）
山口 勧 訳

はじめに

近年における最も暴力的な出来事・事件のほとんどが人種や国家を含む文化集団におけるものであるのに対し，集団間関係における理論や研究は文化を考慮していない．最も有名な現実的集団葛藤理論（realistic group conflict theory；Sherif, 1966）と社会的アイデンティティー理論（Tajfel & Turner, 1979）はいくつかの普遍的な集団間葛藤の原因と解決法に関して非常に深い洞察を行っている．これらの理論は，対人間関係は集団間関係と質的に異なる，という結論を出している．

これから示すように，対人状況と比べて，集団間では異なる認知的，動機的，社会構造が行動を規定している．主な社会心理学の理論は，集団間葛藤に伴うプロセスに対する全体的な理解を提供してはいるが，北アイルランドやイスラエルのように長引き，未解決なままの人種と国家間の問題の心理学的な部分についての説明ができていない．このような問題の原因や解決法を理解するために，心理学者たちは集団間関係に関連した文化の概念化を図っている．そのなかのひとつのアプローチとして，歴史の社会

的表象について研究する，というものがある．そのような一般市民の抱いている表象（representation）は集団間葛藤の中心的な原因であるからである（Liu, 1999）．表象は1つの集団が他の集団に対して自分の集団の主張の正当性を主張する際に力強い議論をもたらす（例：土地の所有に関してLiu, Wilson, McClure, & Higgins, 1999）．そして「表象」は集団がお互いに他の集団に対してひいき的な社会的比較（social comparison）をする過程に影響を与える．この章では，文化的な視点から，集団間関係と社会的アイデンティティーについて考えていくことにする．

　歴史の表象，社会的アイデンティティー，公共政策，および共有された記憶の間で生じる相互作用過程は，集団間葛藤を理解する文化的背景を提供する（Liu & Allen, 1999）．これらを用いて，より普遍的で，また主流となっている社会心理学で典型的なアプローチに文化を取り入れることができる．おそらく，集団間の葛藤に関する最も根本的かつ普遍的な問題を現実的集団葛藤理論は取り扱っているので，そこから話を始めることにする．

7.1　現実的集団葛藤理論

　現実的集団葛藤理論は，より個人レベルでのアプローチである権威主義の特性理論（Adorno et al., 1950）が支配的だった1960年代に出現した．この理論は，個人（あるいは個人の総計）の特性ではなく状況の構造が人間の行動を決定する（Sherif, 1966）という社会心理学の古典的な前提に基づいている．この理論によれば，集団間葛藤は物的資源についての対立するゴールによって引き起こされる．そして集団間葛藤の源は，偏見のような個人の特性ではなく，土地，油，金および労働のような構造の資源に関する争いであると考える．シェリフら（Sherif et al., 1961）のRobbers Caveにおける研究は，理論の詳細な予測を実証したものである．この研

究では，まずはじめに，フィールド実験の「対人間の段階 (interpersonal phase)」において，11～12歳の少年からなる約25人の小集団が一緒に通常の遊びを行った．そして次に，「集団内における集団の段階 (intragroup group phase)」において，少年たちは2つの集団に分割され，自分たちの活動を自由に行うことが許された．すると，各集団内に，他の少年よりも集団内における社会的ネットワークや意思決定の中心となるような，リーダー格になる何人かの少年が現れ，そこに構造 (structure) ができてきた．そして，各集団は自分たちの規範をつくり出していった．

　第3の，「集団間の段階 (intergroup phase)」において，2つの少年の集団は相互に対立するゴールを含む競争性の高い条件下で接触することになった．少年たちはスポーツなどで賞を求めて競争したり，パーティーにおいて1つの集団にとってのみ十分な食物があり，1つの集団は他の集団よりも前にパーティーに招待されるなどといった状況が実験者によって引き起こされた．他の集団が食べものをすべて食べてしまったことを知ったときの少年たちの感情を想像することは容易であろう．

　この第3の過程は，現実的集団葛藤理論にとっていくつかの重要な結果をもたらした．対人接触における関係性が対人間から集団内，そして集団間まで（第1～3段階）変化するにつれ，行動の構造が変わることが予測され，そして実証された．集団間の敵意が最もシビアだったとき，集団内の結束はピークにあった．そして実験の第1段階において形成された友情は，対人間の段階実験の第2と第3段階においては続かなかった．他方の集団のメンバーとの対人間のつながりは，集団間葛藤の条件の下において，もはや許容されなかった．これは，友情や結婚のような強い人と人との間のつながりさえ，大きな葛藤の中では許容されなかった旧ユーゴスラビアの分裂の間に起こったことを思い出させる．

　さらに，少年たちの集団内での人間関係が測定されたが，ソシオメトリ

ーの好み（たとえば友だちの選択）は第2と第3段階の間に変わっていった．タフで葛藤指向の少年がリーダーとして好まれた．ある少年は，いじめタイプの悪党がヒーローになると思ったほどである．また，「集団間の段階」において1つの集団のリーダーだった別の少年は，その集団が襲撃された際に，ライバル集団と対決することを拒絶し，リーダーとしてのステータスを失った．これらの結果は，集団内の状況と比較すると，集団間において葛藤を含んでいる条件の下では，集団行動や構造が質的に異なることを示した．友情から活動の優先順位までの集団全体の構造が，集団間の競争の結果として変化した．

　実験の最終段階となった第4段階では，ある特定のゴールだけが集団間の葛藤を縮小することができることが発見された．これらは達成するために両方の集団の協力が必要となるようなゴールである．シェリフらは，キャンプの水道設備を壊したり，補給トラックを溝に落とすといった，キャンプの継続を難しくさせるような一連の「危機」を巧みに計画し，実行した．彼らはさらに，危機を解決するため2つの集団の少年たちが一緒に働くようにさせた．たとえば，2つの集団の少年が水道設備の漏口を一緒に探したり，協力して溝に落ちたトラックを引っぱるように仕向けた．これらのゴールは，2つの集団を立て直す効果があった．それに比べ，聖職者による説教のような戦略，リーダー間の交渉および共同の活動はあまり効果的ではなかった．実験の全体にわたって，メンバーの行動を規定したのは，個人的な好みなどではなく，状況の構造であった．葛藤の解決は，リーダーあるいは他の集団メンバーの関係性における改善のような対人間のやりとりではなく，「葛藤の状況自体」に取り組むことにより得られたのである．この実験が行われた当時，異民族間の葛藤を解決するにあたっての主要な理論は，接触仮説（Allport, 1954 を参照）および前述の権威主義の特性理論だったので，この解決法は革命的であった．

接触仮説では，対等の立場で接触することによって，異なる集団のメンバーが友情を形成させ，結果として集団間の緊張を緩めると考えている．しかし，黒人と白人の間の人種関係を改善するために導入されたアメリカの学校における人種差別廃止プログラム（Cook, 1985 ; Gerard, 1988）の結果は，実際には，集団間接触の単純な増加がステレオタイプを破壊し，かつ緊張を緩めるために不充分であることを示している．

7.2 社会的アイデンティティー理論

現実的集団葛藤理論の強力な知見は，1970年代に出現し，1990年代までに集団間関係の心理学の中で最も重要な理論になった社会的アイデンティティー理論によってさらに詳しく説明されるようになった．対立するゴールが集団間の葛藤をつくり出すのに十分であることをシェリフが実証した一方，タシフェルら（Tajfel et al., 1971）は，これらが必要でなかったことを示した．最小集団パラダイム（Brewer, 1979）では，集団間の偏見および差別をつくり出すのに必要な要素が，関連性があり顕著な自己分類，あるいは社会的アイデンティティーであることが見出された．つまり他の集団と異なる集団に所属するという意識は，内集団を支持し外集団に対する偏見を作成するのに十分だったということである．

最小集団パラダイムでは，互いに知らない人々が，会話する機会を与えられずに実験室へと案内される．そして，彼らは「画面に現れた点の数を過小評価する人と，過大評価する人」とか「クレーを好む人と，カンディンスキーを好む人」というように実験用につくられた無意味な集団に分類される．実際には，被験者は各集団へランダムに割り当てられるのだが，自分たちは適切に集団に分類されたと信じていることになる．そしてこの確信だけで，集団メンバーとして識別される人々に報酬を与える場合に，

内集団ひいき（自分の集団の者に対して，より多くの報酬を与えること）が生起することが確認されている．以前の対人接触や能力や相対的な地位に関する知識，また社会における集団の意味や集団の他のメンバーについての知識がない状態で，最小集団パラダイムの被験者は，報酬を等しく配分する代わりに，内集団と外集団の間の差を最大限にするような報酬分配を行う傾向がある．

その後の研究は，この内集団ひいき効果（Brewer, 1979）が罰ではなく報酬に当てはまることを示した．すなわち，最小集団パラダイムの中で，被験者は多くの報酬を与えることにより内集団メンバーを「ひいき」するが，だからといって，必ずしも外集団メンバー（Mummendey et al., 1992）を罰することにはならないのである．

これらの驚くべき結果は社会的アイデンティティー理論の誕生へとつながった（Tajfel & Turner, 1979）．ちょうど現実的集団葛藤理論が人々の集団間行動の構造の基盤を説明するように，社会的アイデンティティー理論は個人の集団間行動の認知的・動機的な基盤を説明する．社会的アイデンティティー理論およびその後の自己カテゴリー化理論（Turner et al., 1987）によれば，個人は一連の自己定義をもっており，それらのうちのいくつかは集団のメンバーであるという認知である．

人が自己と集団を同一視するほど（すなわち，集団を自分自身の一部としてみなすほど），人はこの集団を肯定的に評価するように動機づけられる．内集団を外集団よりも優秀なものとして評価する社会的比較は，集団に基づいた自尊心を維持するのに必要なものである．そしてこの傾向は最小集団パラダイムにおいても見られる．もちろん，社会には集団間に不平等があり，すべての集団が外集団に対し肯定的な社会的比較をすることは可能ではない．

これらの理論は，集団メンバーが自分の集団に否定的な社会的比較にど

う反応するかを説明している．否定的な社会的比較の正当性と安定性が認められ，集団間の境界線が確定している場合，人は比較の次元の変更をしたり（たとえば，「彼らは自分たちより金持ちかもしれないが，自分たちのほうが良い性格をしている」），あるいは比較の集団の変更を試みる（たとえば，自分たちは他の日本人ほどよくないかもしれないが，外国人よりよい）といった「社会創造性戦略（social creativity strategies）」を行うと考えられる．これらの戦略は世界の現実の条件を変更せずに，人々の気分をよくさせる．

集団間の境界が不透明な場合，人は恵まれた集団へ「進もう」とするだろう．これは「個人の流動性戦略（individual mobility strategy）」と呼ばれる戦略である．個人は，恵まれた集団のメンバーになり自分の元の集団を捨てようとする．多文化的な社会では，そのような戦略を同化（assimilation）と呼ぶ．否定的な社会的比較が違法で不安定である（もしくは，変わりやすい）と考えられるときだけ，集団は既存の社会構造をひっくり返そうとするために公然と対立を引き起こすのである．

社会的アイデンティティー理論は，世界平和の可能性について，現実的集団葛藤理論ほど楽観的ではない．現実的集団葛藤理論は，もし皆のために十分な資源があれば戦争の理由がなくなるだろうということを示唆しているが，社会的アイデンティティー理論は，物的資源だけでなく，集団の威信（group-based esteem）のためにも戦いがあることを暗示している．さらに，集団の威信を確立する唯一の方法は，他の集団との比較によるものである．

集団間において優越性を見出すための社会的比較は，物的資源のための紛争よりも，集団間葛藤の第2の主要な原因であるとみなされている．アイデンティティーに基づいたアプローチによって集団間の葛藤を縮小するための主な戦略は，個人の自己カテゴリー化の基準をより包括的になるよ

うに変化させることである．そのために，自己に外集団メンバーを組み入れて上位の概念で考えること，たとえば，「私たちはすべてアジア人だ」と考えることができる．そうすることによって，アジア内での集団間の対立を小さくすることができるだろう．また，2つの肯定的に関連する集団を組み入れることもできる．たとえば，黒人も白人も自分自身をアメリカ人とみなしながら，同時に民族的に異なるものとして自分たちをみなしている (Gaertner et al., 1993)．この場合，アメリカ人という肯定的な集団と自分が属している白人（あるいは黒人）という集団を組み込んでいることになる．白人は自分の民族を肯定的に評価し，黒人もまた自分の民族を肯定的に評価しているのである．

7.3 文化と葛藤

社会心理学の集団間関係に関する研究では，歴史をあまり考慮しない実験あるいは調査が中心であった．そのため，驚くにあたらないことだが，社会的レベルでの集団間関係に介入する社会心理学的な主要な試み（すなわち，接触仮説に基づいたアメリカの黒人と白人の間の人種差別廃止政策）は，大成功を収めたとはいえない．クック (Cook, 1985) は，学校での人種差別廃止のさまざまな結果を総覧して，接触仮説が成功するのに必要な理論的条件（友好的な環境における等しい地位での接触）が満たされていないと主張した．しかし，批評家は，これらの必須条件自体が現実的ではなかったことを指摘している (Gerard, 1988)．アフリカ系アメリカ人（いわゆる黒人のこと）は，アメリカ史の中で他の人種と異なった経験をしている．他の集団は，奴隷として連れられて来なかったし，黒人と同程度の偏見や差別を受けていない．接触仮説は葛藤の長い歴史とアメリカにおける白人と黒人の間の不平等を持続させている力関係をくつがえすのに不

十分だったのかもしれない．

　非常に多くの社会的要因が，人種集団あるいは国家集団による集団間の対立に影響を与えるので，社会心理学者はこれらの社会レベルでのプロセスに影響を与えうる心理的変数を概念化しようとした．社会レベルのプロセス——したがって文化——を集団間の対立に関する心理学的研究の中へ組み込むために有望な1つの手段は，歴史の社会的表象を検討することである (Liu et al., 1999)．歴史について一般の人々がいだく表象内容についての研究は，人々がどのように過去を改造するかということの中心に集団間の対立がかかわっていることを明らかにした (Liu, 1999; Liu et al., under review)．

　12ヵ国のサンプルを含む比較文化研究では，世界史で最も重要な出来事として第二次世界大戦が挙げられ，ヒットラーが過去千年で最も有力な（そして否定的にみなされる）人物として挙げられていた (Liu et al., under review)．この12ヵ国のサンプルによって挙げられた出来事の合計の28〜52%（平均＝42%）が集団間の葛藤であり，出来事の中では最大のカテゴリーであった．また，シンガポール，マレーシア，ニュージーランド，フィリピンおよび台湾のような国の歴史においても，集団間関係，とくに葛藤が，主要なテーマであった (Liu et al., 1999; Liu et al., 2002; Liu, Huang & Chang, under review)．

　したがって，歴史が過去の世代の知恵および経験の要約であるとすれば，葛藤に関する歴史からの主要な教訓は，葛藤における他の集団の行動傾向にあることは明らかである．

　このことは，国際関係の中でいくつかの国家の立場を他国よりも困難なものにしている．たとえば，若いドイツ人たちが一般的にホロコーストを恥じていること（とくに彼らがユダヤ人や外国人などの外集団と一緒にいるとき）が知られている (Dresler-Hawke & Liu, under review)．第二次世

界大戦におけるナチスの役割が人々によってよく記憶されているので，ドイツは軍隊を外国へ送る場合，他の国家より注意深く行動しなければならないだろう．たとえばヒルトンら (Hilton *et al.*, 1996) は，経済問題とは無関係に，英国とフランスが EU に加盟したいという希望が，この 2 カ国が，どのようにドイツの戦争時の行動の原因について考えるかに影響されていたことを見出した．それが状況の要因ではなくドイツ人の性質上の欠陥であるとみなしていたら，ドイツを信頼できないことになり，この 2 カ国が EU に加盟する可能性はより低かったであろう．

集団間関係において歴史が果たす役割についてのもっと一般的な分析は，社会的信念の構造および内容を検討することによって行うことができる．

7.4 歴史の社会的表象
——支配から解放へ

社会的表象は，人々をより大きな集合体に結び付ける社会的信念の構造である (Moscovici, 1988)．社会的表象には 3 つの形式があり，それぞれ文化に特有な集団間関係の形式がどのようにして現れる可能性があるかを理解するにあたって重要である．他の心理的変数と異なり，社会的表象は内容中心である．表象に関する理論では，内容とプロセスが相互に結び付いている．これから見るように，集団間関係の多くの普遍的なプロセスが抑制され，表象を通じて，文化に特有な形式をとるようになるのである．

社会的表象がすべての集団の中で支配的であったり，合意されているとき，それらはあたかも現実であるかのように扱われる．支配的な社会的表象にはほとんど変化がないので，個人差変数ほどは役に立たない．しかしながら，支配的な社会的表象は，いかにして強いコンセンサスが社会と民族を 1 つとして動かし，文化に特有の問題の解決策を実行するか理解する

ために有用である．社会的なあるものが，あたかもそれが現実であるかのように扱われるとき，それは社会政策によって新しい現実を創り上げる力をもっているのである．

たとえば，ニュージーランドでは，すべての集団は，1840年に英国とマオリの首領の間で署名されたワイタンギの条約をニュージーランド史上最も重要な出来事である，と考えている (Liu *et al.*, 1999)．これは，マオリ人（先住ポリネシア人，16％の少数）にニュージーランド社会において特別な居場所を与えた．社会指標上の数値や否定的な統計では，マオリ人はアメリカにおける黒人に非常に似ている．しかし，アメリカと異なり，マオリ人のステータスを改善する公民権運動は引き続き衰えることはなかった．条約によって，ニュージーランドが2つの文化に基づく国家になるべきであるという考えに勢いがついた．それは現在政府の公式の政策で，大学および入国管理局のような機関で確認することができる．これは，支配的な社会的表象の力を示している．そのような表象は，社会において特定の集団の居場所を合法と認め，資源の獲得を求める要求を正当化することができる．また，それらは社会が全体として進むべき方向を示すためにも使用することができる．

対照的に，歴史の社会的表象が，論争の対象であったり，異なる集団間で深刻な不一致の状態にあった場合，そのことは歴史に刻まれた葛藤の存在を示している．ある集団は，別の集団に対して歴史上の不満をもっているかもしれないので，特別な仕方で解決することが必要である．表象に関する論争が存在することは，その社会において集団間関係が緊張し，破砕されるかもしれない「断層線」が存在することを示している．

デバイン-ライトによる北アイルランドの記念祭の研究は，歴史が社会的論争の対象として機能することができるケースを示している (Devine-Wright, 2001)．カトリック教徒は，英国のプロテスタントによる北アイル

ランドの征服を記念するオレンジパレードを,プロテスタントより否定的に評価することが知られている.このパレードに参加したプロテスタントは,参加しないプロテスタントよりも,パレードを肯定的に評価し,変化に反対し,自分たちのアイデンティティーの重要な基盤として歴史を尊重する傾向があった.

　北アイルランドでは,そのような歴史上の出来事に対する公式な記念祭が,一方の集団によって,自分たちの立場を合法と認めさせたり,別の集団からの猛烈な反対に立ち向かうために内集団の結束を構築したりする目的に使われているのである.北アイルランドのカトリックとプロテスタントの対立はもう何世紀にも及んでいる.社会的信念や実践(たとえば,集合的恐怖の雰囲気,身の安全や相手の非合法性の強調)のシステムは,葛藤の縮小を非常に困難にしながら発達している.同様のケースがイスラエルでも見られる(Bar-Tal, 2000 ; 2001).

　最後のタイプの社会的表象が解放である.これは,異なる社会的表象が1つの社会の異なる集団に共存することを意味する.しかし,それらの集団は葛藤関係にはないか,あるいは限定された状況のみにおける葛藤下にある.

　台湾の現在の状況は,過去の問題がいかに現在の政治的状況とつながっているかというよい例を提供している(Liu, Huang, & Chang, under review).伝統的に台湾は中国の一部であったが,日本は第二次世界大戦終了まで約50年間にわたり支配した.戦争の後,蒋介石の率いる国民党は日本から島の返還を受け入れたが,地元民の抵抗に遭い,彼らを暴力的に弾圧した.この出来事は,今日台湾の歴史で最も重要な出来事であるという合意が国民の間に存在する.すべての台湾人が1947年2月28日の出来事(台湾に先住ではない中国人集団が,台湾に先住していた中国人集団を殺害し,圧迫した)を悲劇として考えるのに対し,蒋介石(この悲劇の

立役者）をどのように評価するかは集団によって異なっている．先住の中国人（本省人）は彼を悪く評価しているが，難民として，あるいは国民党の兵士として渡ってきた人々やその子どもたち（外省人）は，彼を多少好意的に評価している．本省人については，2月28日の出来事が，本土中国人による支配からの独立の必要性や彼らへの不信感を象徴している．しかし，中国が個別の国家として台湾を認めないので，これは重大な問題である．外省人たちは，台湾の独立の支援にそれほど関心はなく，自分たちは本省人よりも伝統的中国文化に強くつながっていると感じている．

　読者はあたかも本省人と外省人の間で対立が多くあるかのように感じられるかもしれないが，そのようなことはない．通常，彼らは調和の中で生活しており，出身省はとくに問題にされない．しかし，選挙の時期になると，本土中国との将来の関係について，2つの集団の見解には大きな差が見られる．リューら（Liu *et al*., under review）は，2000年の選挙において人口統計上の変数および社会的アイデンティティーの変数を統計的に統制した後でも，蔣介石の歴史上の評価が本省人と外省人の大統領候補への投票行動の重要な予測変数であることを見出した（Liu *et al*., under review）．これは，いかに歴史が今日の政治的な決定に対し，まだ影響力があるかを示している．また，これは単に歴史自体ではなく，歴史と今日の政治とのつながりが，社会のダイナミクスの中で表象に強力な影響力をもたせるのだということを示している．

　歴史の社会的表象は，包括性の異なるレベルにおいて，アイデンティティー間の関係に影響を与えると考えられている（Liu *et al*., 2002）．つまり，歴史に関する理解が社会のすべての下位集団間で合意されているか支配的である場合，国家的アイデンティティーと下位集団アイデンティティー（たとえば民族）との関係は望ましいものになると予想される．一方，歴史に関して論争がある場合，国家的アイデンティティーと下位集団アイデン

ティティーの間の関係が少数民族にとって望ましくないものになることが予想される．そして，支配的な表象も論争の対象になるような表象も存在せず，いわば自由な表象が存在するときには，国家的なアイデンティティーと下位集団アイデンティティーとの間には何の関連も存在しないことが予想される．

　実際，歴史は社会における諸集団の地位を合法化するための資源として機能する．集団がすべて歴史の表象について一致する場合には問題は存在しない．そうではないとき，ニュージーランドのように，1つの集団（マオリ人）は，自分たちが社会からより多くの資源を受け取るべき理由として歴史上の不正を指摘するかもしれない．彼らは現在の社会を不公平であるとして非難するだろう．北アイルランドやイスラエルのように，支配的な集団が恵まれない集団を満足させるような譲歩を行うことができない場合，集団間の葛藤は悪化する．パレスチナがイスラエルから独立した国家を求めるように，1つの集団は，国という集団からの独立を獲得するように努力するかもしれない．この極端な場合においては，人種のアイデンティティー（パレスチナ人）および国家的アイデンティティー（イスラエル人）の間に否定的な相関があるといえるだろう．

　歴史に関する論争は集団間論争の不可欠な部分である．だれが正しくて，だれが誤った行動を行ったのか，また，だれがある土地への権利を有し，だれが有さないのか，何が記憶され，何が忘れられたのか，など，歴史に根づいたこれらの表象は，異なる集団が自分たちの主張を正当化しようとする際に，それぞれの集団を位置づけるための情報資源になる．

7.5 表象,集合的記憶,アイデンティティー,そして政治の間のダイナミックス

　政治的な出来事が歴史の中でその位置を占めるに至るプロセスは,最近になってやっと理解され始めたところである (Pennebaker, Paez, & Rime 1997)。政治的出来事がある人によって非常によく記憶される場合,15～25歳の間に決定的に重要な期間があるようだ。しかし,他の世代がこの記憶を共有するかどうかは,社会における現在の政治的問題に出来事がつながっているかどうかに依存している。社会は20～30年ごとに過去を振り返り,現在の政治的利害関係にふさわしいような形で出来事の改造を行う (Igartua & Paez, 1997)。

　たとえば,スペインにおいて,内戦 (1936～39年) は20年間勝者の観点から記述されていた。しかし,フランコ将軍（勝者）が1975年に死んだ後,戦争がどのように国家に影響したかを敗北者の観点から問う,たくさんの映画が現れた。スペインは,権威主義のフランコ政権後で,より民主主義的に変貌する途中であったため,当時の政治やアイデンティティーは内戦時代の過去を改造しようと試みていた。したがって,過去の表象と現時点の社会的アイデンティティーの間に循環過程 (feelback loop) があるといえる (Liu & Allen, 1999)。

　われわれが議論したように,歴史の社会的表象は,いくつかの集団が他の集団に対し肯定的な社会的比較を行う能力を制限し,他の集団が歴史の正当性に支持されながら議論を行う力を促進する。政治的な集団やリーダーはこれによく気づいている。よって,ある出来事が生じた直後に,支配的な集団およびリーダーは,自分の作った出来事のバージョンを権威あるものとして示そうとするのである (Igartua & Paez, 1997)。彼らは,出来事

を完全に忘れたり，自分自身を肯定的に表出しようとするかもしれない．また出来事はときに非常に重要なので，記念日を作ったりする（Frijda, 1997)．このように集合的な記憶は，過去に関するコンセンサスを確立し，現在のアイデンティティーの一部とさせるための試みである．

しかし，すべての集団がそのような記念式に参加するとは限らない（Devine-Wright, 2001)．時間とともに，現在の政治的議題は変化するかもしれないし，別集団が支配的になるかもしれない．そうすれば，また過去を改造する試みがなされるであろう．表象は政治的な過程の集団記憶を刻印したものである．これらの間の因果関係をより明確にすることは，今後の研究の課題である．

7.6 結　論

集合的記憶や歴史の社会的表象の研究はまだ始まったばかりである．しかし，社会的信念の構造や生成過程は，心理学において集団間関係の文化的視点を発達させる重要なツールであるだろう．集団間関係および社会的アイデンティティーの普遍的なプロセスは，社会的信念の構造により限定されている．そしてそれは，集合的記憶に伴うアイデンティティーや世代のプロセスに反応するのである．

現時点では，集団間関係の永続する問題にこのアプローチが新しい解決策をもたらすことができるかどうかに関して議論するのはまだ早すぎる．これまでに行われたほとんどの研究は問題解決の処方箋というより記述である．しかし，歴史に関する合意を構築したり再構築したりする過程は，社会心理学の研究を（最も有利にそれらを適用することができる）特定の文脈に当てはめる際に最も重要なツールであると考えられる．

引用文献

Adorno, T., Frenkel-Brunswick, E., Levinson, D., & Sanford, N. (1950). *The authoritarian personality*. New York : Harper.
Allport, G. (1954). *The nature of prejudice*. Reading, MA : Addison-Wesley.
Bar-Tal, D. (2000). From intractable conflict through conflict resolution to reconciliation : Psychological analysis. *Political Psychology*, **21** (2), 351-365.
Bar-Tal, D. (2001). Why does fear override hope in societies engulfed by intractable conflict, as it does in the Israeli society? *Political Psychology*, **22** (3), 601-627.
Brewer, M. B. (1979). In-group bias in the minimal intergroup situation : A cognitive-motivational analysis. *Psychological Bulletin*, **86**, 307-324.
Cook, S. W. (1985). Experimenting on social issues : The case of school desegration. *American Psychologist*, **40**, 452-460.
Devine-Wright, P. (2001). History and identity in Northern Ireland : An exploratory investigation of the role of historical commemorations in contexts of intergroup conflict. *Peace & Conflict : Journal of Peace Psychology*, **7**(4), 297-315.
Dresler-Hawke, E. & Liu, J. H. (2002). Perceptions of the Holocaust and the positioning of German national identity. Under review.
Frijda, N. H. (1997). Commemorating. In J. W. Pennebaker, D. Paez, & B. Rime (Eds.) *Collective memory of political evenes*, pp. 103-130. Mahwah, NJ : Lawrence Erlbaum.
Gaertner, S. L., Dovidio, J. F., Anastasio, P. A., Bachman, B. A., & Rust, M. C., (1993). The common ingroup identity model : Recategorization and the reduction of intergroup bias. *European Review of Social Psychology*, **4**, 1-26.
Gerard, H. B. (1988). School desegregation : The social science role. In P. A. Katz & D. A.Taylor (Eds.), *Eliminating racism : Profiles in controversy* (pp. 225-236). New York : Plenum Press.
Hilton, D. J., Erb, H.-P., Dermot, M., & Molian, D. J. (1996). Social representations of history and attitudes to European unification in Britain, France and Germany. In G. M. Breakwell & E.Lyons (Eds.), *Changing European identities : Social psychological analyses of social change. International series in social psychology* (pp. 275-295). Woburn, MA : Butterworth-Heinemann.

Igartua, J. & Paez, D. (1997). Art and remembering traumatic collective events: The case of the Spanish Civil War. In J. W. Pennebaker, D. Paez, & B. Rime (Eds.), *Collective memory of political events* (pp. 79-102). Mahwah, NJ: Lawrence Erlbaum.
Liu, J. H. (1999). Social representations of history: Preliminary notes on content and consequences around the Pacific Rim. *International Journal of Intercultural Relations*, **23**, 215-236.
Liu, J. H. & Allen, M. W. (1999). The evolution of political complexity in Maori Hawke's Bay: Archaeological history and its challenge to intergroup theory in psychology. *Group Dynamics : Theory, Research, and Practice*, **3**, 64-80.
Liu, J. H., Goldstein-Hawes, R., Hilton, D., Abraham, S., Dresler-Hawke, E., Gastardo-Conaco, C., Hong, Y. Y., Huang, L. L., Kashima, E., Pittolo, F., Ward, C., Muramoto, Y., & Yuki, M. (under review). The message of world history from a psychological perspective.
Liu, J. H., Huang, L. L., & Chang, M. L. (under review). The "Double Identity" of Taiwanese Chinese: A dilemma of political and cultural identity rooted in history.
Liu, J. H., Lawrence, B., Ward, C., & Abraham, S. (2002). Social representations of history in Malaysia and Singapore: On the relationship between national and ethnic identity. *Asian Journal of Social Psychology*, **5** (1), 3-20.
Liu, J. H., Wilson, M. W., McClure, J., & Higgins, T. R. (1999). Social identity and the perception of history: Cultural representations of Aotearoa/New Zealand. *European Journal of Social Psychology*, **29**, 1021-1047.
Moscovici, S. (1988). Notes towards a description of social representations. *European Journal of Social Psychology*, **18**, 211-250.
Mummendey, A., Simon, B., Dietze, C., Grunert, M., Haeger, G., Kessler, S., Lettben, S., & Schaferhoof, S. (1992). Categorization is not enough: Intergroup discrimination in negative outcome allocation. *Journal of Experimental Social Psychology*, **28**, 125-144.
Pennebaker, J. W., Paez, D., & Rime, B. (1997). *Collective Memory of Political Events*. Mahwah, NJ: Lawrence Erlbaum.
Prentice, D. A. & Miller, D. T. (1999). *Cultural Divides : Understanding and overcoming group conflict*. New York: Russell Sage Foundation.
Sherif, M. (1966). *Group conflict and cooperation*. London: Routledge and Kegan Paul.

Sherif, M., Harvey, O. J., White, B. J., Hood, W. R., & Sherif, C. W. (1961). *Intergroup conflict and cooperation : The Robbers Cave Experiment.* Norman : Institute of Group Relations, University of Oklahoma.

Tajfel, H., Billig, M., Bundy, R. P., & Flament, C. (1971). Social categorization and intergroup behavior. *European Journal of Social Psychology,* **1**, 149-177.

Tajfel, H. & Turner, J. C. (1979). An integrative theory of intergroup conflict. In W. G. Austin & S. Worchel (Eds.), *The social psychology of intergroup relations* (pp. 33-47). California : Brooks/Cole.

Turner, J. C., Hogg, M. A., Oakes, P. J., Reicher, S. D., & Wetherell, M. S. (1987). *Rediscovering the social group : A self-categorization theory.* New York : Basil Blackwell.

8
グループ・ダイナミックスの理論

杉万 俊夫

8.1 グループ・ダイナミックスとは

8.1.1 集合体の動学

　グループ・ダイナミックスは，集合体の全体的性質――集合性――の動態を研究する人間科学である．人間科学とは，自然科学に対するもう一つの科学であり，(広義の) フィールドの当事者と研究者の共同的実践から知識を紡ぎ出す科学である．

　グループ・ダイナミックスが対象とする集合体（グループ）は広範多岐にわたる．

- 夫婦，恋人どうしといった2人グループ
- 一緒に仕事をしている数人，あるいは，一緒にスポーツを楽しんでいる数人のグループ
- 1つの企業に所属する何百，何千，何万という人のグループ（普通，組織と呼ばれるグループ）

- 野球場の観客席を埋めつくす数万人のグループ（普通，観衆，群集と呼ばれるグループ）
- 同じコミュニティに居住する何千，何万という人々のグループ
- 日本列島の上に住む1億2000万の人々のグループ（国民と呼ばれるグループ）

などは，すべて，グループ・ダイナミックスが研究対象とする集合体の例である．地球環境問題や南北問題がクローズアップされる現在，宇宙船地球号の乗組員数十億という巨大な集合体を研究対象にすることも時代の要請である．

グループ・ダイナミックスが対象にする集合体は，上に例示したような，集合体の人々が空間的なまとまりをもって存在している集合体に限定されない．たとえ，空間的には散在していても，同じ言語，方言，専門用語などを使用する人々は，1つの集合体として取り扱う．また，地域的には拡散していても，ある流行を追う人々，ある特定の事物を使用する人々も，1つの集合体として取り扱う．

さらに，争い合う複数の人も1つの集合体としてとらえる．また，対立抗争の関係にある複数の集団は，個々の集団も1つの集合体ではあるが，同時に，複数の集団をひとまとめにして1つの集合体としてとらえることもできる．

以上，集合体の人間に焦点を当ててきたが，集合体の概念には，人間のみならず，人間にとっての環境も含まれる．すなわち，集合性とは，集合体の人々とその環境が1つの全体として有するトータルな性質である．

8.1.2 社会構成主義

しばしば，集合体は，直接，間接の影響関係にある「個人」の集合とし

て定義される．しかし，この定義は，個人についての周到な考察を欠いている．グループ・ダイナミックスは，この定義を採用しない．

「個人＝心を内蔵した肉体」という常識

私たちは，普通，人間といえば個人を想像する．その場合の個人とは，まずもって，皮膚で囲まれた肉体である．しかし，その肉体が，イコール個人ではない．個人は，頭の中で考えたり，心の中で感じたりする肉体である．個人とは，その内部に，思考や感情（あるいは，情報処理）の座を有する肉体，すなわち，「個人＝心を内蔵した肉体」というのが，私たちの常識である．あるいは，心のほうを中心に据えていえば，「肉体に内蔵された心」という観念が，私たちの常識である．

「個人＝心を内蔵した肉体」という常識は，「外界と内界を区別する」常識と表裏一体である．「肉体に内蔵された心」は内なる世界，すなわち，内界である．一方，外なる世界，すなわち外界は，内界にどのようにとらえられる（認識される）かとは無関係に，それ本来の姿で存在する，と考えられている．外界には，皮膚の外側のみならず，皮膚の内側も含まれる．内臓は皮膚の内部にあっても外界である．内臓の状態を感じる（認識する）とは，皮膚の内部にある外界（内臓）を，肉体に内蔵された内界にとらえることである，と考えられている．

しかし，「個人＝心を内蔵した肉体」，あるいは，「肉体に内蔵された心」という常識は，私たちの素朴な日常経験から自然に形成された常識ではない．この常識は，特定の歴史的経緯，および，生育史的経緯を経て，私たちの常識になったのである．本章では，この点について詳しく述べるゆとりはない．この常識が素朴な日常経験と矛盾さえしていることは，廣松（1982, 第2編第1章；1993, 第2編第1章）において，きわめて論理的に述べられている．それをわかりやすく解説したものに，楽学舎（2000, 第2章）

がある．また，Coulter (1979) は，「肉体に内蔵された心」が，日常の言語活動を通じて社会的に構成された観念であることを明解に論じている．さらに，「個人＝心を内蔵した肉体」という常識が，どのような歴史的，生育史的経緯を経て形成されたのかという点については，大澤 (1990) が社会学的身体論の立場から卓抜した考察を行っている（そのわかりやすい解説については楽学舎 (2000, 第7章) を参照）．

現前・身体・事物

では，「個人＝心を内蔵した肉体」という常識を前提にしないとして，いかなる前提からスタートすればよいのだろうか．まず，その前提を述べる準備として，3つの用語——現前・身体・事物——を導入しよう．

まず，現前という用語．あなたの周りは決して無ではない．あなたには，何がしかの世界が立ち現れている．その，立ち現れていることを「現前する」という．世界といっても大仰に考える必要はない．あなたには，何がしかの風景的世界が現前しているはずだ．しかも，その風景的世界は，決して一枚岩ではなく，さまざまな分節肢に分節している——たとえば，本，ボールペン，机，などの分節肢が現前している．

現前という概念は，認識（見る，聞く，等）という概念よりも浅い概念である．なぜならば，認識という概念は，単に現前するという意味を越えて，例の「外界と内界を区別する」常識に基づく暗黙の了解をも包含している．たとえば，花が見える（花を認識する）というときには，外界に花が実在しており，その花を内界にとらえたということが暗黙の了解となっている．それに対して，現前という概念は，あえて，そこまで立ち入らない．ただ，無ではない風景的世界が現前していること，その風景的世界の中に花という分節肢が現前していること，そこまでを意味しているだけである．

現前する風景的世界は身体と事物から成る．身体とは，それに対して風景的世界が現前しているもののことである．いうまでもなく，身体は心を内蔵していない．一方，事物とは，それに対して風景的世界が現前していないもののことである．あなたにも，そして，あなたの隣に座っている友人にも何がしかの風景的世界が現前しているがゆえに，あなたも友人も身体である．また，部屋の片隅にいる猫にも，おそらく何らかの風景的世界が現前しているであろうから，その猫もまた身体である．それに対して，机やその上のコップには風景的世界が現前していないがゆえに，それらは事物である．

身体と事物の区別は，生物と非生物の区別と同じではない．何が身体であり，何が事物であるかは，それらの身体と事物を含む集合体の状態によって規定される．たとえば，小さい子どもと，その子がまるで妹のようにかわいがっているぬいぐるみ（もし，そのぬいぐるみが傷つけられた日には，自分の体を傷つけられたような痛みを感じるようなぬいぐるみ）の集合体では，子どもはもちろん，ぬいぐるみも身体である．後述する「互換する身体」の箇所（p. 111）で導入する概念を用いるならば，互換が生じるか否かが，身体と事物を区別する基準となる．

集合体こそ主体

身体に現前する分節肢は，すべて，何らかの意味をもっている．つまり，現前するのは単なる「何か」ではない．たとえば，「机」という意味をもつ「何か」である——いいかえれば，「机としての何か」である．仮に，いますぐどこかに飛んでいってもいい綿ごみであろうとも，それは，「いますぐどこに飛んでいってもいい綿ごみ」という意味をもつ「何か」である——「いますぐどこに飛んでいってもいい綿ごみとしての何か」である．

さらにいえば，意味をもたないものは，そもそも現前しない——そもそ

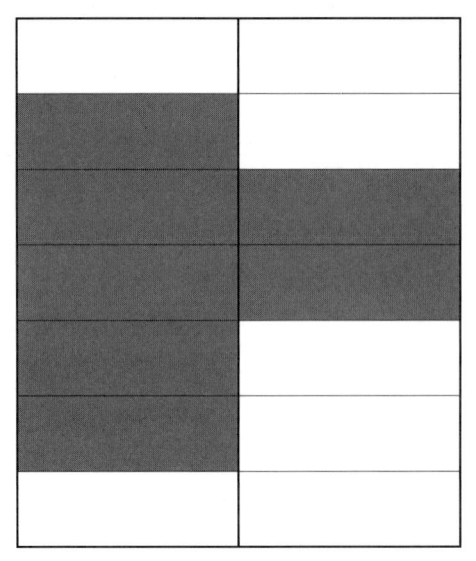

図8-1　2つの本棚

も分節肢になりえない。いま，図8-1のように2つ並んだ本棚があり，それを熟視したとしよう。はたして，黒でぬった多角形は現前していただろうか。おそらく，本棚1個分，2個分，あるいは，本棚の1段分，2段分は現前していただろう。しかし，黒でぬったような奇妙な多角形は現前していなかったであろう。その理由は，奇妙な多角形には意味がないからである。一方，本棚の1個分や1段分には意味がある。実際，多くの人々が，過去に，本棚1個を購入した経験や，1段分の本がダンボール1箱に納まるかどうかを思案した経験をもっている——したがって，本棚1個や棚1段は，そのような経験に裏づけられた，何らかの意味をもっている。

　意味は，集合体の中で形成される。「机」という意味は，机を机として使用する身体（たち）と，机と称される（多くの）事物を含む集合体の中で，不断に維持されている。あるいは，「もう随分古くなったから，そろそろ買

いかえたい机」という意味は，そのように語り合う家族とその机から成る集合体によって形成され，その集合体の中で維持される．

以上，① 分節肢の現前にとって，意味が不可欠であること，② 意味は集合体の中で形成されることを述べた．これら2点から，身体に世界が現前するのは集合体のなせるわざである，という結論が導かれる．あえて，身体に世界を現前させる主体を問うならば，それは，その身体を包含する集合体である――決して，「肉体に内蔵された心」ではない．

集合体が世界を現前させる（集合体が，身体に現前する世界を構成する）という前提は社会構成主義（e.g., Gergen, 1994a ; 1994b）と呼ばれている．社会構成主義はグループ・ダイナミックスの前提（メタ理論）でもある．

8.2 グループ・ダイナミックスの概念と理論

集合体の全体的性質，すなわち，集合性は，2つの側面から記述できる．1つは，集合体の観察可能な動き――集合的行動――であり，もう1つは，規範や雰囲気の形成・変容プロセス――コミュニケーション――である．いかなる集合体の集合性も，集合的行動とコミュニケーションという2つの側面をもっている．

8.2.1 集合的行動

集合的行動

集合的行動とは，集合体を1つの全体として観察したときに観察できる動き（行動）のことである．ここで，2つの点に注意しておこう．

第1に，1つの集合体の集合的行動を観察するには，その集合体の全体を視野に入れなければならない．もちろん，集合体の規模が大きくなれば，

その全体を一気に視野に入れることは困難になる．その場合には，部分部分を観察して，それを合成して全体像を得ることになるが，あくまでも集合的行動という概念が，集合体全体の動きを指す概念であることに変わりはない．

第2に，集合的行動には，集合体の人々の動きのみならず，それらの人々にとっての環境の動きも含まれる．すでに定義した身体・事物という概念を用いるならば，集合的行動とは，集合体の身体と事物双方の動きを包含する．

すでに述べたように，グループ・ダイナミックスは，争い合う複数の身体，対立する複数の集団をも1つの集合体としてとらえる．そのような集合体には，2人の殴り合い，複数の集団の間の攻防戦といった集合的行動が観察される．もちろん，争いや攻防の原因である事物も集合的行動の要素である．

翻って考えれば，私たちは，オギャーと生まれてから死ぬまで，1秒の切れ目もなく，常に，何らかの集合的行動の一角を演じている．つまり，純粋に単独の行動というのはありえない．要は，どの程度の広さの空間を，どの程度の長さの時間，観察するかである．空間と時間を適当にとれば，いかなる身体の行動も何らかの集合的行動の一部としてとらえられる．たとえば，夜一人で寝ている人であっても，その人が勤務する職場とその職場に勤務する全従業員の自宅が視野に入るくらいの空間を2，3日間観察するならば，2交替制，あるいは3交替制といった勤務ローテーション（という集合的行動）の一角を，寝るという行動によって演じていることがわかる．

環境──とくに「もの」的環境について

集合的行動は，身体とその環境をひとまとめにした動きである．環境に

は，もちろん物的な環境（物的な事物）も含まれるが，「もの」的な環境（「もの」的な事物）も含まれる．「もの」的環境とは，繰り返され，定型化した集合的行動である．

制度（慣行）や役割は，「もの」的環境の例である．制度は，一過性でもありえた集合的行動が，何らかの理由で継続，反復されることによって確立する．また，公式，非公式の役割も，決してその役割を遂行する人によってのみ，その内実が決められるのではなく，集合体全体の動きの中で決められていく．制度にせよ，役割にせよ，それらが「もの」的環境として確立すると，物的環境のように，人々の行動の制約条件として機能する．

集合体の中で当たり前のように使用される言葉も，「もの」的環境の1つである．当初は，ごく一部の人しか使用していなかった言葉が，次第に流布し，集合体の共通語となることによって，その言葉は「もの」的環境の一部となる．ある言葉の使用という集合的行動が反復されることによって，その言葉は「もの」的環境の一部となり，集合的行動の制約条件として機能するようになる．また，制度や役割をさし示す言葉の普及は，制度や役割の確立を促進する．

集合的行動の無縁圏

集合体は，特定の集合的行動をとることによって，その集合的行動とは無縁の世界（無縁圏）をもつくっていく．無縁とは想像すらしないという意味である．集合体は，特定の集合的行動をとりつつ，多くのありえたかもしれない集合的行動を無縁圏に廃棄していく．もちろん，集合体が自覚的に廃棄するのではない――もし，ある集合的行動を自覚的に廃棄するのであれば，その集合的行動は集合体にとって無縁ではなかったことになる．

8.2.2 コミュニケーション

コミュニケーション

コミュニケーションとは，コミュ(共同性)をつくることである——決して，個人間の情報伝達のことではない．集合体にとってのコミュとは，規範や雰囲気である．すなわち，コミュニケーションとは，規範や雰囲気を創出，維持，変容し，消滅させる一連のプロセスである．

規範や雰囲気とは，集合体の身体に対して妥当な現前や行為を指示する操作である．規範は言語的に表現可能，雰囲気は言語的に表現不可能という違いがある．ただし，規範が言語的に表現可能だからといって，実際に規範が言語的に表現されているというわけではない．多くの規範は，言語的には表現されずして，妥当な現前や行為をさし示す．

雰囲気

雰囲気は，身体に現前する世界やその分節肢に'表情'や'色合い'を与える．これらの表情や色合いは，通常，客観的に外在する世界(外界)に対して内界に生じる感情と考えられている．しかし，すでに述べたとおり，そのような「外界—内界」図式はグループ・ダイナミックスの依拠するところではない．

規　範

規範は言語的に表現可能である(現実に言語で表現されるか否かは別として)．規範は，その言語的な表現形態によって2つに分類できる．1つは，「べし規範(価値的規範)」，もう1つは「である規範(認知的規範)」である．

「べし規範」とは，——すべし，するべからず，したほうがよい，しない

ほうがよいといった形態で表現できる規範の総称である.「べし規範」は,それに違背する行為に対して,行為のほうを「べし規範」に合致させるよう変更を迫る.

「である規範」とは,——である,——があるといった形態で表現できる規範の総称である.「である規範」では,それに違背する行為に対して,「である規範」のほうが違背行為に合致するよう変化する.

通常は,例の「外界—内界」図式に則り,外界の対象を内界にとらえる,と考えられている.しかし,そうではなく,規範が,対象を「——すべきもの」として現前させたり,「——であるもの」として現前させるのである.

規範の形成プロセス

規範の形成プロセスに関する卓抜した理論に,大澤(1990)の身体論がある.以下,その概略を紹介しよう.ただし,「個人=心を内蔵した肉体」という常識や「外界—内界」図式(とくに,無条件に外在する外界という観念)は前提にしないという点に,くれぐれも留意していただきたい.この身体論についてのわかりやすい解説は,楽学舎(2000, 第5・7章)にある.

身体には,2つの水準がある.1つは,「互換する身体」の水準,もう1つは,「超越的身体」の水準である.互換する身体とは,複数の身体が根こそぎ入れ替わる身体の状相である.決して,他者になったような気持ちになるとか,他者に感情移入するのではない.まさに,文字どおり,他の身体に「なる」のである.このような状相は,私たちが常識としてもっている人間像から見れば,いかにも突飛である.しかし,私たちは,この常識的人間像——「個人=心を内蔵した肉体」という人間像——を棄却したことを改めて思い出さねばならない.

身体が根こそぎ互換するということは,身体に現前する世界もまた根こ

そぎ互換するということである．しかし，複数の身体の間に互換が十分頻繁に生じ，現前する対象が十分な強度をもって現前するならば，個々の身体に対する現前を越えた共通の経験が生じる．この共通の経験こそ，対象の意味（対象が何であるか）に他ならない．

対象の意味は，互換する個々の身体に対する現前を越えている．それは，複数の身体に共通の経験であり，複数の身体の全体に対して現前する．いい換えれば，複数の身体の全体を代表するような「第三の身体（超越的身体）」に対して現前する．したがって，意味の形成は超越的身体の形成とパラレルである．かくして，互換する身体（たち）が，互換する身体でありつつも，超越的身体の作用圏に入った（超越的身体が発する意味の声を聞くようになった）とき，通常の現前——意味をもつ何かの現前——が可能になる．意味が成立するということは，対象が，「——すべきもの」，「——である」という形態で現前することである．すなわち，意味の形成は，規範（べし規範・である規範）の形成でもある．

コミュニケーションの無縁圏

集合体が特定の集合的行動をとることによって，同時に，集合的行動の無縁圏をもつくるのと同様，特定のコミュニケーションを展開する（特定の雰囲気や規範を形成する）ことによって，コミュニケーションの無縁圏をもつくっていく．すなわち，集合体は，特定の雰囲気や規範を形成する一方で，同時的に，ありえたかもしれない雰囲気や規範を無縁圏に廃棄していく．

8.2.3 集合性の多層的重複構造

同一の集合体にも，多数の集合性が形成される——集合性が多層的に形

成される．いわゆる親密な関係にある身体たちは，非常に多層的な集合性に包まれている．

また，身体の数が増えるにつれて，ある一群の身体を包む集合性，別の一群の身体を包む集合性，前者の身体群の一部と後者の身体群の一部を包む集合性といった構造になる．つまり，多くの集合性が，部分的に重複しながら形成される．特定の身体に注目した場合，その身体と同一の集合性に包まれている身体はない．身体の個性とは，その身体を包む集合性（群）の個性である．決して，個性を，個人に内蔵された心（内界）に求める必要などない．

以上のような集合性の多層的重複構造を通じて，個々の集合体は変化する（また，それによって，身体に現前する世界も変化する）．たとえば，集合性Aに包まれる身体a，集合性Bに包まれる身体bがいるとしよう．このままでは何の変化も起こらない．しかし，何らかの理由により，2つの身体a，bからなる集合体Xができた（新しい集合性Xができた）としよう．身体aは集合性Aによって動かされている．そのaがbとともにつくった集合体の集合性Xには，aを介して，集合性Aがブレンドされる．したがって，集合性Xに包まれる身体bは，集合性Aによっても動かされるようになる．こうして，もともと身体bが包まれていた集合性Bにも，集合性Aの性質が浸透する．

本章では，人間科学としてのグループ・ダイナミックスの方法論については触れることができなかった．これについては，杉万（2000，第1章）を参照していただきたい．

引用文献

Coulter, J. (1979). *The social construction of mind : Studies in ethnomethodology and linguistic philosophy*. London : Macmillan. 西阪仰（訳）

(1998).『心の社会的構成：ヴィトゲンシュタイン派エスノメソドロジーの視点』新曜社.

Gergen, K. (1994a). *Toward transformation in social knowledge*, 2nd ed. London: Sage. 杉万俊夫・矢守克也・渥美公秀監訳 (1998).『もう一つの社会心理学：社会行動学の転換に向けて』ナカニシヤ出版.

Gergen, K. (1994b). *Realities and relationships : Soundings in social construction*. Cambridge, MA: Harvard University Press.

廣松渉 (1982, 1993).『存在と意味（第1・2巻）』岩波書店.

大澤真幸 (1990).『身体の比較社会学 I』勁草書房.

楽学舎 (2000).『看護のための人間科学を求めて』ナカニシヤ出版.

杉万俊夫 (2000).『フィールドワーク人間科学：よみがえるコミュニティ』ミネルヴァ書房.

9 文化とコントロール志向

山口 勧

はじめに

　私たちが平穏な生活を送るためには，自然や他者とうまく折り合いをつけていくことが不可欠である．その際，だれでもなるべく自分に都合のよいように，自然や他者との妥協点を見出そうとしている．自然を相手にして，可能であれば，山に道を通して隣の村や町との交通を便利にしたり，治水・灌漑によって水の流れを自分たちに都合のよいものに変えて，私たちはより快適で安全な生活を手に入れてきた．また，人間が相手のときでも，可能な限り相手を説得し，自分の望むような行動をとらせることによって，なるべく自分の思いどおりの人間関係をつくるようにしている．一方，自然や人間関係が自分の思いどおりにならないときでも，たとえば厳しい自然に耐えるように自分の心身を鍛練したり，気難しい相手に自分を合わせたりして，折り合いをつけている．このように，自然や他者と何らかの仕方で折り合いをつけて，われわれは生活しているのである．

　ここでは，自然や他者を変えるにせよ，自分自身を変えるにせよ，自然環境や人間関係との折り合いのつけ方をコントロールという視点から考え

ていくことにする．山に道を通したり，治水ダムを造ったりすることは，自然をコントロールしていることになるし，相手を説得して自分の思うように行動させるのも，相手をコントロールしていることになる．また，暑さ寒さに負けない強い体をつくろうとするのは，自分自身の体をコントロールすることになるし，気難しい相手に合わせるには自分自身の行動をうまくコントロールすることが必要である．このように，折り合いをつけるときには，何らかの対象を自分の思うようにコントロールするという要素が含まれているのである．

　本章では，コントロールという概念を使って，文化による折り合いのつけ方の違いに焦点を当てて考えることにしよう．なお，ここでコントロールとは，「自分の望むような結果をつくり出す」という意味で使っている (Weisz, Rothbaum, & Blackburn, 1984)．

9.1　コントロールの対象

　コントロールにはさまざまなタイプがあるが，コントロールの対象によって分けてみると，2通りに分類することができる．1つは，山に道を通したり治水ダムを造る，あるいは，自分と反対の意見をもつ人を説得するなど，自分の思いどおりに物理的環境や社会環境を変えてしまうやり方である．このタイプのコントロールでは，自分の働きかけにより対象をコントロールすることになる．もう1つは，自然や他者はそのままにして，自分自身を変えようとするものである．暑さや寒さに耐えられるように自分の体を鍛えたり，気難しい他者に合わせて自分の行動を変えることなどがこのタイプに含まれる．このタイプのコントロールでは，周囲に働きかけることはなく，逆に自分を現実に合わせようとする．そこでは，自分の周囲にある現実ではなく，自分の期待，願望，目標，知覚，態度，解釈，およ

び原因の帰属などの認知や，自分の行動などを変化させようとする．つまり，自分自身のあり方を変えることによって，自分の置かれた環境との折り合いをつけようとするのである．

ワイツらは，前者のタイプを一次的コントロール（primary control），後者のタイプを二次的コントロール（secondary control）と名づけた（Weisz, Rothbaum, & Blackburn, 1984）．一次的，二次的というのはあくまでも便宜的な命名であり，この分類で重要なのは，コントロールの対象が外界にあるか，あるいは自分自身の気持ち，体，行動かということである（Yamaguchi, 2001）．

この2つのタイプのコントロールのうち，一次的コントロールは比較的単純なものであるが，自分自身を変えようとする二次的なコントロールについて，ワイツらは，次のようなタイプがあると考えている．なお，二次的なコントロールは以下の4つのタイプによって尽くされるわけではない．

(1) 予測的コントロール

正確に出来事を予測することにより，自分に対する影響をコントロールしようとするもの．たとえば，歯医者でどのような治療をするのかを正確に予測して，なるべく痛みの不安を少なくしようとするのがこれにあたる．

(2) 代替的コントロール

他の人，グループ，組織がコントロールするのに合わせて，自分もコントロール感を得ようとすること．たとえば，自分とよい関係を維持している他者が，うまく環境をコントロールしたことを自分がコントロールしたかのように感じることがこれにあたる．ひいきのサッカーチームの勝利とともに高揚感を経験する熱狂的なファンは，このようなタイプの代替的コントロールを経験しているといえよう．自分が相手のチームを負かせたわけではないのに，ひいきのチームの勝利によってあたかも自分がそれを成

し遂げたかのように感じるのである (Cialdini et al., 1976).

(3) 幻想のコントロール

これはいわば, 運命に身を任すという仕方である. 運命を受容することにより, それに逆らわずに, 心の平静を保つことができる.

(4) 解釈によるコントロール

これは, 現実を理解することによって, そこに意味を見出し, 現実への満足度を高めようとする仕方である. たとえば, 自分の病気の意味について考え, 「一病息災 (完全に健康な人よりも, 一つ病気のある人のほうが健康に気を配るために, かえって長生きできるということ)」を信じたりするのはこの例といえよう. また, 「心頭を滅却すれば火もまた涼し」もこのタイプのコントロールと考えられる.

ワイツらは, このような分類をしたうえで, アメリカ人は一次的コントロールを志向する傾向が日本人よりも強く, 日本人は二次的コントロールを相対的に志向する傾向が強いと主張する. つまり, 自分の環境に働きかけて, 自分の思いどおりに変えてしまうのではなく, 自分自身を環境に合わせようとする傾向が, 日本人の間ではアメリカ人よりも強いというのである. 実際, そのような主張をしている研究も報告されている (e.g., Morling, 2000). しかしながら, これらの主張は次に述べるようなコントロールの主体の分類を無視しているため, 不十分なものとなっている.

日本人には, 確かに, 相手を攻撃したりするよりも葛藤を回避しようとする傾向があることが知られている (本書第12章参照). そのため, 一次的なコントロールは志向していないと解釈されがちである. しかし, 家が火事になったとき, 「心頭を滅却すれば火もまた涼し」とか, 「火事に遭う意義」について考える者はいない. これは当たり前のことである. 問題はどのようにして, だれが火を消すかということだけであろう. このような場

合には，自分の外界をコントロールしたい（つまり，自分の気の持ちようを変えるのではなく，火事を消したい）という気持ちが，日本人の場合にアメリカ人よりも小さいとは考えられない．ワイツらの分類に基づいたこれまでの研究の多くは，一次的コントロールと二次的コントロールが，コントロールの対象についての分類に過ぎないことを理解せず，そのために多くの誤解が生じてきた．コントロールについての理解を深めるためには，コントロールの対象だけでなく，次に述べるように，コントロールの主体についても考察をすることが必要である（Yamaguchi, 2001）．

9.2 コントロールの主体

コントロールの主体とは，簡単にいえば，だれがコントロールを実行するかということである．ここで，自分の身の安全をどのようにして守るかということを例にして考えてみよう．自分で強盗を撃退すれば，自分がコントロールの主体であるが，警察を呼んで捕まえてもらおうとするときには，コントロールの主体は自分ではなくなる．以下，どのような主体が考えられるかをみてみよう．

個人的なコントロール（personal control）

これには直接コントロールと間接コントロールが考えられる．個人的な直接コントロールとは，自分で強盗を撃退するなど，環境を自分の手でコントロールしようとするものである．このタイプのコントロールを行おうとする傾向は，とくに北米で顕著であると考えられる．実際，アメリカでは銃の所持が許されていて，テキサス州などは，むき出しでなければ携帯することまで認めている．このようにして自分自身の手で身を守ることが許されているのである．これは犯罪に関して，個人的な直接コントロール

を行うことが許容されていることになる．これまでの多くの研究では，このように個人が主体となり，自分の周囲を直接的にコントロールすることを一次的なコントロールと誤解してきた．その理由は，このタイプのコントロールがアメリカでとくに好まれるためであると考えられる．なぜ，好まれるかについては，もう少しあとで説明しよう．

　個人的な間接コントロールでは，個人の主体性が明示されない．日本および他のアジア文化圏では，個人が明確な意志を示して環境をコントロールすることは必ずしも人々に好まれない．個人がそれぞれの好みに基づいて環境をコントロールしようとすれば意見の対立が表面化するし，相手に対して何かを明確に要求して相手を屈服させようとすれば人間関係がうまくいかなくなるかもしれない．そのような場合には，自分の意志を明確に表現するのではなく，間接的に相手に伝えることによってコントロールしようとすると考えられる．

　小嶋は，落語家とその弟子の例を挙げている（Kojima, 1984）．師匠は弟子の下手な歌を止めさせたいのだが，はっきりと「その歌をやめなさい」という代わりに，「うまいなあ！」と大声で言うのである．初めはその弟子は師匠に褒められたと思うが，すぐに実際に師匠が望んでいるのは自分が歌を止めることだ，と気づくというものである．このような場合，師匠は直接に弟子に歌を止めるように命令することによって，弟子の面子を失わせることを避け，自分で気がつくように仕向けたわけである．こうすることによって，師匠と弟子の間で，弟子の歌がうるさいかどうかを問題とすることなく，師匠は自分の思いどおりに弟子をコントロールできたことになるのである．

　このようなタイプのコントロールは，相手が自分の意図を的確に推測できることが前提となっている．したがって，師匠と弟子のような，いわば「気心の知れた」仲でよく機能すると考えられる．また，強盗にあった場合

などは，相手が自分の意図を推測してくれることを期待するのは無理なので，このタイプのコントロールは選択されないと考えられる．

集団的コントロール（collective control）

このタイプのコントロールは，自分1人で環境をコントロールするのではなく，みんなと一緒になって対象をコントロールしようとするものである．たとえば，強盗に対して1人で対処するのではなく，可能であれば，家族や仲間を呼んで，みんなで撃退しようとするのがこのタイプのコントロールになる．また，皆でいれば強盗が襲ってこないだろうと考えて，夜道を仲間と一緒に歩くのも，このタイプのコントロールであると考えられる．

代理コントロール（proxy control）

このタイプのコントロールは，自分で対象をコントロールするのではなく，自分に代わって他者にコントロールしてもらおうというものである（Bandura, 1982）．強盗を自分で撃退するのではなく，警察を呼んで捕まえてもらおうとするのがこのタイプのコントロールになる．この例で明らかなように，このタイプのコントロールではより能力のある他者に環境をコントロールしてもらうことになるので，自分の能力について心配する必要はない．

このほか，第11章で扱う「甘え」もこのタイプのコントロールであると考えることができる．相手に甘えることによって，自分が欲しいものをその人に取ってきてもらうことができるのである．たとえば，子どもは親に甘えて，おもちゃを買ってもらったりしている．これは自分ではお金がなくて買えないおもちゃを親に代わりに買ってもらうわけである．このように代理コントロールでは，自分が直接手を下すことなく環境をコントロー

ルすることができる．

9.3 アジア的コントロール

　上で述べたように，ワイツらは一次的コントロールと二次的コントロールの比を考えると，アメリカ人のほうがどちらかというと一次的コントロールをより志向し，日本人のほうは，二次的コントロールのほうをより志向していると主張していた．これは，アメリカ人は自分の周囲をコントロールの対象とし，日本人はより自分自身をコントロールの対象とするということである．しかしながら，その後の研究は彼らの主張を支持していない (Yamaguchi, 2001)．その理由は，多くの研究でコントロールの主体についての区別が明確になされておらず，個人の直接的なコントロールを一次的コントロールとみなしてきたためと考えられる．実際，西欧的なコントロール志向とアジア的なコントロール志向にはいくつかの違いがあると考えられる．

　たとえば，東 (Azuma, 1984) は，一次的・二次的という分類自体がアメリカ的であるとみなす．確かに，個人主義的なアメリカ文化では個人の独立と自律に価値が置かれており（本書第3章），個人が自分で一次的コントロールを行う能力をもつことは，独立と自律のためには欠くことのできないものであろう．個人が独立しているためには，自分で環境をコントロールする必要があるし，自律の前提として，自分のことは自分でコントロールできるような状況が必要である．

　さらに，東は，ワイツらの分類では二次的と解釈されるものにも，さらにいくつかの種類があると指摘する．たとえば，「負けるが勝ち」，「長いものにはまかれろ」，「泣く子と地頭には勝てぬ」ということわざは，すべて解釈による二次的なコントロールに分類されるであろう．こうしたことわ

ざは，日本人がつねに相手を打ち負かすのではなく，より良い折り合いのつけ方について考えていることを意味している．したがって，日本では個人が一次的なコントロールをしない，あるいはできないことは決して不幸なこととは限らないのである．要は，一次的なコントロールであろうと二次的なコントロールであろうと，うまく相手との調和のとれた関係を構築することが望ましいのである．

東も指摘しているように，アメリカ文化では一次的コントロールのほうが，二次的コントロールよりも望ましいとされる (e.g., Heckhausen & Shultz, 1995)．そのため，一次的コントロールを志向する者が心理的にも健康であり，一次的コントロールを諦めてしまう者は心理的な問題があるとされてきた (e.g., Seligman, 1975)．しかしながら，このような傾向は日本を含めたアジア圏では必ずしも見出されないと思われる（詳しい議論は，Yamaguchi, 2001 にある）．

たとえば，シンガポールのチャンら (Chang, Chua, & Toh, 1997) は，アジアの文化では，二次的コントロールはアジア文化のもつ価値観と一致し，ある状況では，より環境適応的であると主張する．たとえば，上の「負けるが勝ち」ということわざにしても，東 (1984) が指摘しているように，うまく負けることにより，自分が忍耐力や自己統制力および柔軟性をもつことを示すことができる．これは，少なくとも相手とうまく折り合いをつけようという日本的な行動原理に合致した考え方なのである．また，わざと負けることにより，相手からの恨みをかうこともなく，心の平静を保つこともできるであろう．

この例に示されているように，アジアでは，自分の置かれた社会の中で，状況に応じて，自分に課せられた役割を果たすことが重要とされる．したがって，常に「負けるが勝ち」を続けているわけではなく，状況によっては，何としても勝たなくてはならないときもある．このような社会では，

状況次第で，一次的コントロールと二次的コントロールの適切さが変化する，とチャンらは考えている．とくに，一次的なコントロールが不可能なときに，二次的コントロールが効果的であるという．

たとえば，加齢（年をとること）という現象を考えてみよう．誰でも年をとるのは当たり前で，それを変えることはできない．すなわち，一次的なコントロールが不可能な現象である．とくに，仏教や道教の考え方では，加齢とは季節のようなものであり，自然な過程である．したがって，人はそれを喜んで受け入れるように教えられる．

彼らは131名の中国系シンガポール人の老齢者を対象にして，質問紙による研究を行った．その質問紙には，一次的コントロールを志向するか二次的コントロールを志向しているかを測定する尺度，加齢に対する態度を測定する尺度，および一般的な健康に関する質問が含まれていた．その結果，一次的および二次的コントロール志向は，それぞれ一般的な健康と関連していることがわかった．つまり，コントロール志向が強いほど，それが一次的であろうと二次的であろうと，より精神的および肉体的に健康だということがわかった．この結果は，一次的なコントロールだけでなく，二次的コントロールも中国系シンガポール人の間では，健康の維持に有効であることを示唆している．さらに，加齢に対する態度も，それに好意的であるほど回答者は健康であった．

この研究結果の1つの解釈は，加齢に対する態度が好意的であるほど，人は加齢によるストレスを経験せず，健康でいられるというものであろう．もちろん，健康であるから加齢に対して好意的になることも考えられるので，この点についてはさらに検討する必要があるが，つねに個人が直接的な一次的コントロールを行えることを望ましいと考える立場とは対照的である．

9 文化とコントロール志向

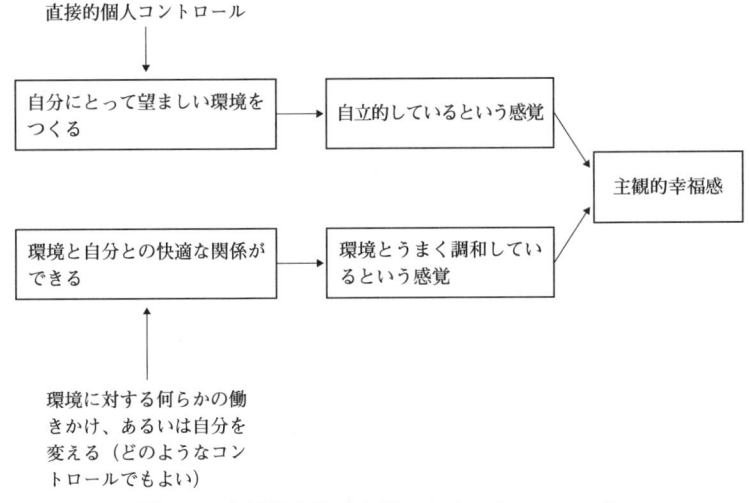

```
直接的個人コントロール
        ↓
┌─────────────────┐      ┌─────────────────┐
│自分にとって望ましい環境を│ →  │自立的しているという感覚│
│つくる            │      │                 │
└─────────────────┘      └─────────────────┘
                                            ↘
                                             ┌─────────┐
                                             │主観的幸福感│
                                             └─────────┘
                                            ↗
┌─────────────────┐      ┌─────────────────┐
│環境と自分との快適な関係が│ →  │環境とうまく調和してい│
│できる            │      │るという感覚      │
└─────────────────┘      └─────────────────┘
        ↑
環境に対する何らかの働
きかけ、あるいは自分を
変える（どのようなコン
トロールでもよい）
```

図 9-1 主観的幸福感を得るための 2 つのルート

9.4 コントロール選好の文化差

以上のように，文化によりコントロール志向が異なっているが，その違いは，かつてワイツらが主張したように一次的か二次的かという単純なものではない．欧米人にとっては，自分が直接的にコントロールしているという感覚が重要なように思われるが，日本人を含むアジア人にとっては，どのようなコントロールであろうと環境との間にうまく折り合いをつけることが重要であるように思われる．では，日本人にとって環境との間にうまく折り合いをつけるとはどういうことだろうか．この問いに対する回答は，これからの実証的な研究を待たなければならないが，仮説的には環境との調和の重視が考えられる（Yamaguchi, 2001）．

図 9-1 には，環境との調和を重視するか，個人の自立を重視するかによ

って，主観的幸福感を得るためのルートが異なっていることを示してある．もしも，欧米で一般的であるように，自分が自立しているという感覚が大事であれば，上のルートにあるように個人的な直接コントロールによって環境を自分の思うようにコントロールし，自分が環境に支配されるのではなく，自立しているという感覚を得ようとするであろう．そうすることによって，主観的な幸福感が得られるからである．一方，環境との調和のほうが大事である場合には，下のルートのように環境との調和的な関係が達成できれば，コントロールのタイプには拘泥しないことになる．したがって，自分自身の考え方や行動などを変えてしまってもかまわないのである．そして，環境との調和がとれた安定した状態が達成できれば，主観的な幸福感を得ることができるのではないかと考えられる．

このように調和的な関係を目指していれば，他者との利益の葛藤を経験してまで環境をコントロールすることに固執しない．そのため，他者との直接的な対決を避けることが考えられるであろう（本書第12章）．たとえば，反対勢力がいても，それと直接対決して殲滅するのではなく，うまく相手と共存したり，懐柔したりして，より安定した関係をつくろうとするのが調和重視のコントロールであると考えられる．もちろん，このようなコントロール志向がアジア人の間にだけ存在するわけではないが，相対的には欧米文化よりもアジア文化においてこのようなコントロール志向が支配的であるように思われる．

9.5 コントロールの感覚

人が生きていくうえで，単に環境をコントロールすることだけでなく，適切なコントロールを行っているという感覚をもつことも重要である．とくに，独立や自律が強調されるアメリカ文化では，自分が適切に環境をコ

ントロールしているという感覚をもつことは，自尊心にも影響する重要なことがらである．そのため，自分がものごとをコントロールしているという感覚をもつことの重要性が指摘されてきている（Heckhausen & Shultz, 1995）．

たとえば，ロッター（Rotter, 1966）は，一般に，ものごとの結果は自分の行動次第だと考える傾向と，そうではなく，運やチャンス，あるいは他者などの自分以外の要因によって規定されていると考える傾向とに分けている．前者は，自分がコントロールできると考えるので，内的統制型（internal locus of control），後者は外的な要因によってコントロールされると考えているので，外的統制型（external locus of control）と呼ばれている．そして，内的―外的統制感尺度によってこの傾向を測定すると，内的統制感をもっている者のほうが，積極的に社会的活動に参加することなどが明らかにされている．

ランガー（Langer, 1983）は，このコントロールの感覚はしばしば歪んだものであることを示した．彼女は被験者にコイン投げの結果を予想させる実験を行った．実験者がコインを投げ，被験者に表が出るか裏が出るかを予想させたのである．その際，被験者がどの程度当てることができるかは，実験者によって操作されていた．それにもかかわらず，最初のうちにたくさん当てることのできた者は，そうでない者よりも，自分には予想能力がより高くそなわっていると評価し，次の100回により多く予想を的中させることができるだろう，と回答していた．コイン投げの結果は，あくまでも偶然で決まるものだから，その結果を予想する力があるというのは歪んだ感覚であるということがいえよう．

このようなコントロールの歪んだ感覚にも，コントロール志向の文化差が反映されると考えられる．山口ら（Yamaguchi, Gelfand, Mizuno, & Zemba, 1997）は，アメリカと日本とで個人的なコントロールと集団的なコ

ントロールに関する感覚が異なっていることを示している．

　ここでは，アメリカ人と日本人の被験者を，個人でくじを引く条件または集団でくじを引く条件に分け，それぞれの条件で，どのくらい自分にとって望ましい結果が得られるかを評価させてみた．個人でくじを引く条件では，その人の引いたくじだけで結果が決まるので，このくじ引きは個人的なコントロールの事態である．一方，集団でくじを引く条件では，他の人がどのようなくじを引くかによって結果が影響を受けるので，このくじ引きは集団的コントロールの事態になる．この実験では，個人でも集団でも，好ましい結果が出る確率は同じになるように操作されていた．

　このような状況で，アメリカ人と日本人では，次のような違いが見出されるだろうと予測した．まず，アメリカのような個人主義文化においては，個人の直接的なコントロールが重要視されるため，アメリカ人は自分のコントロール能力を過信する傾向があると考えた．一方，日本のような集団主義的な文化では，しばしば個人によるコントロール（personal control）よりも集団によるコントロール（collective control）が行われているため，日本人は集団的コントロールを過信するであろうと考えた．日本には，個人よりも集団でコントロールしたほうがうまくゆくという信念が存在するのではないか，と山口ら（1997）は考えたのである．

　この実験において，望ましい結果が生じるかどうかはくじで決まるのであるから，客観的には個人条件でも集団条件でも違いはない．しかし，被験者の予想を尋ねてみると，日本人では（男女とも）集団でくじを引いたほうがよい結果が出ると予想したのに対し，アメリカ人の男性では個人でくじを引いたほうがよい結果が出ると予想する傾向があったのである．この結果は，集団によるコントロールの方がうまくいく，と日本人は考える傾向があるのに対して，アメリカ人の男性は，自分1人でコントロールしたほうがうまくいく，という信念をもっていることの反映であると解釈す

ることができよう．

　なお，アメリカ人の女性では，日本人と同様に，集団でくじを引いたほうがよい結果が得られる，と予想する傾向があった．これは，同じアメリカ文化の中でも，女性は男性ほどには独立性や自律性を求められないことと関連しているのであろう．

9.6　まとめ

　この章では，欧米の個人主義的なコントロール観と日本やアジアのコントロール観を対比して考えた．これまで一般的であった一次的コントロールと二次的コントロールという区別は，コントロールの対象に関するものであり，文化差を理解するにはコントロールの主体の違いも考慮する必要があることを示した．欧米文化においては，個人的な直接コントロールが求められる傾向が強いのに対し，アジアでは調和的な環境をつくり出すことが重要であることが考えられた．そして，こうしたコントロール志向の違いの背景には，どのようにすれば幸福感が得られるかということに対する考え方の違いがあるということが示唆された．

引用文献

Azuma, H. (1984). Secondary control as a heterogeneous category. *American Psychologist*, **39**, 970-971.

Bandura, A. (1982). Self-efficacy mechanism in human agency. *American Psychologist*, **37**, 122-147.

Chang, W. C., Chua, W. L., & Toh, Y. (1997). The concept of psychological control in the Asian context. In K. Leung & U. Kim (Eds.), *Progress in Asian Social Psychology, Vol. 1* (pp. 95-117). Singapore : Wiley.

Cialdini, R. B., Borden, R. J., Thorne, A., Walker, M. R., Freeman, S., & Sloan, L. R. (1976). Basking in reflected glory : Three (football) field studies. *Journal of Personality and Social Psychology*, **34**, 366-375.

Heckhausen, J. & Schulz, R. (1995). A life-span theory of control. *Psychological Review*, **102**, 284-304.

Kojima, H. (1984). A significant stride toward the comparative study of control. *American Psychologist*, **39**, 972-973.

Langer, J. E. (1983). *The psychology of control*. Beverly Hills, CA: Sage.

Morling, B. (2000). "Taking" an aerobics class in the U. S. and "entering" an aerobics class in Japan: Primary and secondary control in a fitness context. *Asian Journal of Social Psychology*, **3** (1), 73-85.

Rotter, J. B. (1966). Generalized expectations for internal vs. external control of reinforcement. *Psychological Monographs*, **80** (1, Whole No. 609).

Seligman, M. E. P. (1975). *Helplessness : On depression, development and death*. San Francisco: Freeman.

Weisz, J. R., Rothbaum, F. M., & Blackburn, T. C. (1984). Standing out and standing in: The psychology of control in America and Japan. *American Psychologist*, **39**, 955-969.

Yamaguchi, S. (2001). Culture and control orientations. In D. Matsumoto (Ed.), *The handbook of culture and psychology* (pp. 223-243). New York: Oxford University Press.

Yamaguchi, S., Gelfand, M., Mizuno, M., & Zemba, Y. (1997). Illusion of collective control or illusion of personal control: Biased judgment about a chance event in Japan and the U. S. Paper presented at The 2nd conference of the Asian Association of Social Psychology, August, Kyoto.

10
信　頼

山岸　俊男

はじめに

　一般に日本社会は「信頼社会」だと考えられているが，本章では，これまでの日本社会が「信頼社会」ではなく「安心社会」であったことを明らかにし，日本社会がより開かれた社会へと移行するためには「一般的信頼」の育成が不可欠であることを示す．

10.1　日本社会は「信頼社会」か？

　日本でのビジネス慣行を欧米でのビジネス慣行と比較する際に，日本での取引は信頼関係に基づいており，そのような関係を確立するまでは大変だが，いったん信頼関係ができてしまえばいちいち契約書をつくったりしなくてもたいていのことは電話一本で済んでしまう，といった話がよく使われる．こうした話に典型的に現れているように，日本社会は「信頼社会」であり，日本人の生活の中で信頼の果たしている役割は欧米人の場合よりもずっと大きいという信念は，多くの人々に受け入れられているように思

「たいていの人は信頼できると思いますか，それとも用心するにこしたことはないと思いますか？」に対する日米回答者の回答

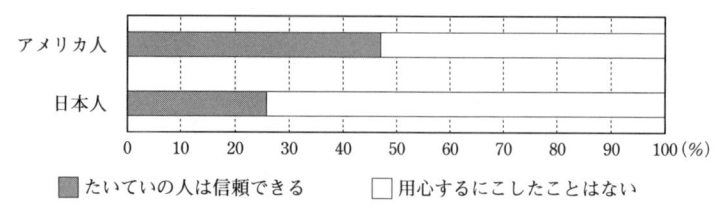

「たいていの人は他人の役に立とうとしていると思いますか，それともそんなことはないと思いますか？」に対する日米回答者の回答

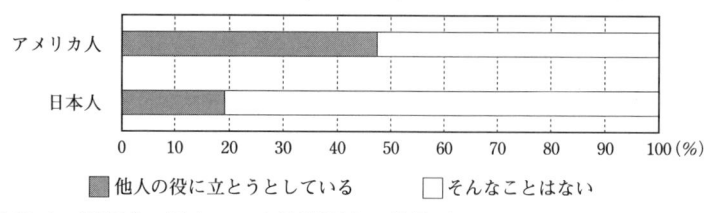

図 10-1　信頼感に関する日米比較調査の結果（統計数理研究所・1982 年調査）

われる．しかし，日本人とアメリカ人とを対象にして，他人一般に対する信頼の程度を調べた調査では，この常識とは逆に，アメリカ人のほうが日本人よりも他人を信頼する程度が強いという結果が得られている．

　たとえば図 10-1 は，統計数理研究所（1982）が実施した調査で，「たいていの人は信頼できると思いますか，それとも用心するにこしたことはないと思いますか」という質問に対して「信頼できる」と答えている回答者の比率が，日本人サンプル（2032 人）よりもアメリカ人サンプル（1571 人）のほうが高いことを示している．また図 10-1 では，同様に，「たいていの人は他人の役に立とうとしていると思いますか，それともそんなことはないと思いますか」という質問に対しても，「他人の役に立とうとしている」という回答が，日本人よりもアメリカ人により多く見られることが示され

ている．筆者らが行った調査（Yamagishi & Yamagishi, 1994）でも，同様に，アメリカ人のほうが日本人よりも他者一般に対する信頼感が強いという結果が得られている．

このような常識と調査結果のズレは，一体どのように理解することができるのだろう．調査結果は人々の本音を正しく測定していないのだろうか．この疑問に対して，Yamagishi & Yamagishi (1994) は，「安心」と「信頼」とを区別することで，一貫した解釈が可能になることを示している．「安心」とは，固定した関係の存在を前提として，その中では自分が他人に搾取されたりひどい目に遭うことはないだろうという期待として定義されている．

たとえば，これまでずっと取引があって，これからもずっと取引関係が継続していくことが期待されている相手との関係では「安心」していられる．そのような関係では，相手にとっても関係を維持することが重要だとわかっているからである．しかしこのことは，他人一般を信頼することとは違っている．安定した関係にある相手が自分をひどい目に遭わせることはないだろうと「安心」していられるからといって，それ以外の他人との関係においても「安心」していられるわけではない．こうして考えてみると，日本社会は「信頼社会」というよりは「安心社会」というべきである．

10.2 社会的不確実性とコミットメント関係の形成

日本社会が信頼社会ではなく安心社会だということの意味を考えるにあたっては，まず，社会的不確実性とコミットメント関係の形成について考える必要がある．社会的不確実性というのは，簡単にいえば，社会的な関係の中で相手にだまされたり搾取されたりしてひどい目に遭う可能性のある状態である．このような社会的不確実性の高い状態に置かれると，人々

は多くの場合，安心していられる相手とだけ付き合うようになる．ここではこのことを，社会的不確実性が特定の相手との間のコミットメント関係を促進する，というかたちで表現する．また，ここでコミットメント関係というのは，別の相手に乗り換えることをしないで同じ相手と付き合い続ける，安定した継続的な関係のことである．

　この関係は，コロック（Kollock, 1994）に従って，東南アジアにおけるゴムと米の取引形態の違いを例として用いるとわかりやすいだろう．東南アジアにおける経済活動についての人類学者による研究をもとに，コロックは，生ゴムの取引と米の取引の形態について，次のような興味深い違いを指摘している．生ゴムの場合には，いくら目の肥えた仲買人でも現物を見せられただけでは品質がわからず，したがって生ゴムの仲買人には，粗悪品を売りつけられる可能性が常につきまとっている．これに対して，米の品質はその場でただちに確認できるので，仲買人が生産者から粗悪品を売りつけられる危険性はない．このことは，米の取引に際して，とくに買い手にとっての社会的不確実性が，生ゴムの取引の場合よりもずっと低いことを意味している．

　生ゴムの取引が，ときには親・子・孫と続く，同じ農園主の家族と仲買人の家族との間のコミットメント関係を通して行われるのは，このような生ゴムの取引に伴う社会的不確実性を低減させるためであることを，コロックは指摘する．これに対して，そのような社会的不確実性があまり含まれていない米の取引の場合には，コミットメント関係が存在しないせり市場で，一番有利な条件を提示する相手と行われることになる．

　この例は，社会的不確実性が存在すると人々は特定の相手との間にコミットメント関係を形成しようとすること，そしてコミットメント関係が形成されると，その内部では「安心」が提供されることを意味している．つまり，コミットメント関係が形成されると，その内部では相手からだまさ

れたり搾取されたりしてひどい目に遭う可能性，つまり社会的不確実性が低下することを意味している．日本社会が「信頼社会」だという常識は，このこと，すなわち日本社会はコミットメント関係のネットワークが張り巡らされている社会であり，それぞれのコミットメント関係の内部で人々はお互いに安心して暮らしていることを意味している．

10.3　関係の閉鎖性と「内集団ひいき」

このようなコミットメント関係の形成は，一方では安定した関係の内部に「安心」していられる環境を提供するが，もう一方では，そのような環境の外部にいる「よそ者」に対する不信感を増大させる．この点に，最初に紹介した信頼感の日米比較調査の結果を解釈する鍵がある．つまり，日本社会ではコミットメント関係のネットワークを通じて物事が処理される傾向が強いため，他人との付き合いで安心していられる範囲が広い．このため，日本社会は「信頼社会」だという常識が生まれることになる．しかし他方では，安心できる相手とだけ付き合ううちに，安定した関係にない他者一般に対する信頼感が低まってしまっている．このことを清成と山岸 (1996) は，実験を使って明らかにしている．

この実験では，取引相手からひどい目に遭わされる可能性のある状態で，実験参加者に，別の参加者（実はコンピュータによってあらかじめプログラムされていた反応）と繰り返し取引を行ってもらった．この実験の結果は，参加者を搾取する機会が与えられてもひどい行動をとらない相手との間にコミットメント関係を形成した参加者のほうが，そのようなコミットメント関係をつくらなかった参加者に比べて，途中から加わってきた新しい取引相手を信頼できないと思う程度がより強いことを示している．つまり，社会的不確実性を避けるために特定の相手との間にコミットメント関

係を形成すると，そのことによって，「良い」人間か「悪い」人間かを判断する情報が全く与えられていない相手に対する信頼感が低下してしまうことを，この実験の結果は示している．

このように，社会的不確実性を避けるために特定の安心できる相手とだけ付き合っていると，それ以外の他者一般に対する信頼感が低まってしまう．ここで重要なのは，この関係が単なる一方的な関係ではないという点である．つまり，安心できる関係にだけとどまっていると関係の外部の人間に対する信頼感が低まってしまうだけではなく，逆に，他者一般に対する信頼感が欠如していると，安心できる相手とだけ付き合おうとする傾向が一層強まることになる．いい換えれば，一方では，閉鎖的な関係が他者一般に対する信頼感を低めると同時に，もう一方では，他者一般に対する信頼感の欠如が，特定の相手とだけ関係をもつ傾向，すなわち関係の閉鎖性を強めることになる．そして，いったんこのような関係が生まれて，ほとんどの人たちが閉ざされた関係の中で付き合いを続けるようになると，他者一般を信頼して閉鎖的な関係から抜け出そうとする人間が現れても，そのような人間は誰にも相手にされず，誰とも付き合えない困った状態に置かれてしまう．ほとんどの人々が自分の集団の仲間以外の人々に対して不信感を抱いている状態では，自分の集団を抜け出した人間は，誰にも相手にされないからである．この結果，人々はますます集団にとどまり，その内部で互いに協力しあう関係を強めていく．これが，「集団主義的」な社会のあり方だといえるだろう．

10.4　相互コントロールと信頼

ここで，日本人とアメリカ人，そして韓国人の信頼行動を比較した，社会的ジレンマについての興味深い実験を紹介しておこう．社会的ジレンマ

とは，一人ひとりの人間が自分の個人的な利益だけを追求すると，結局は自分たち自身の首をしめることになってしまう状況を意味している．便利さや快適さを求めてエネルギーを無駄遣いしたり，ごみを廃棄したりする生活をみんなが続けていると，環境破壊が進行して，誰もがその結果に苦しむことになる．こういった状況が，社会的ジレンマの例である．社会的ジレンマ実験というのは，そのような状況を実験室につくった小さな集団で発生させ，そこで人々がどう行動するかを調べる実験である．

　ここで紹介する実験では，具体的には，4人一組で実験に参加した一人ひとりに，まず100円の元手が与えられ，そのうちのいくらを集団のために提供するかを，誰にもわからない匿名状況で決定するように求める．それぞれの参加者が提供した金額は，実験者によって2倍にされて，他の3人の参加者に平等に分配される．その際，提供した金額は本人の元手から差し引かれる．この実験で，自分の利益だけを考える参加者は，自分の元手をすべて自分のものにしておいて，集団のために提供しようとは全く思わないだろう．提供した分は，自分の元手から差し引かれてしまうのだから．4人すべてがそう思って提供しなければ，それぞれの参加者は元手の100円を確保することができる．しかし，もし4人すべてが，自分の利益よりも集団の利益を優先して，自分に与えられた元手の100円をすべて提供したとすれば，全員が200円ずつ手に入れることができたはずである．実験全体では，このような決定が12回繰り返され，それぞれの参加者は合計1200円の元手を与えられた．

　これまでに数多く行われた社会的ジレンマ実験では，参加者が集団の利益のためにどれくらい協力的に振る舞うか（たとえば100円の元手のうちのいくらを提供するか）は，他の参加者に対する信頼の程度によって異なってくることが知られている．つまり，多くの参加者は自分だけの利益を考えて行動するわけではなく，他の人たちも協力してくれるのなら自分も

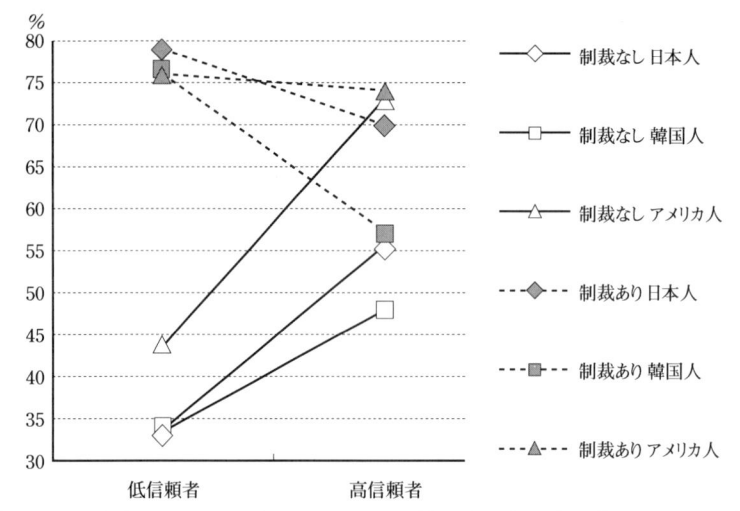

図 10-2 社会的ジレンマの実験で，日，米，韓の実験参加者が集団のために協力的に振る舞った程度（元手の何パーセントを集団のために提供したか）(Yamagishi, 1988 ; Kim & Son, 1998)

協力するが，他の人たちが協力してくれないのに自分だけ協力して馬鹿を見るのはいやだ，と考えていることがわかっている．

そこで筆者（Yamagishi, 1988）は，本章の最初に紹介した一般的信頼感の日米差と対応する行動の違いが，社会的ジレンマ実験でも見られるかどうかを調べる実験を行った．アメリカ人のほうが日本人よりも一般的信頼感が高いという日米差が正しいとすれば，アメリカ人のほうが日本人よりも他人が協力的に行動すると信頼する傾向がより強く，したがって社会的ジレンマ実験で協力的な行動をとりやすいはずである．また，Kim と Son（1998）は，筆者の実験で検討された日米差と同じような違いが，韓国とアメリカの間に存在するかどうかを調べるために，筆者の実験と同じ実験を韓国で実施した．

図 10-2 の下の 3 本の太線は，この実験で，日，米，韓 3 国の参加者が，元手のうちの何パーセントを集団のために提供したかを示している．実験全体では提供の決定が 12 回繰り返されたが，図 10-2 ではこれらの決定が平均提供パーセント（平均して元手の何パーセントを提供したか）で示されている．横軸の左側には，それぞれの国の参加者のうち，他者一般に対する信頼感が相対的に低い低信頼者，右側には他者一般に対する信頼感が相対的に高い高信頼者による平均提供パーセントが示されている．

　この結果は，予想されたように，まず，どの国の参加者に関しても，直線が右上がりであること，すなわち，低信頼者よりも高信頼者のほうが，社会的ジレンマで集団のために協力する傾向が高いことを示している．さらに，3 本の直線のうちのアメリカ人の提供額を示す直線が，他の 2 国の参加者の提供額を示す直線よりも上に位置することから，アメリカ人のほうが日本人や韓国人よりも，集団のための協力行動をとる傾向が強いことが示されている．また，実験の前に調べた一般的信頼についての質問への回答でも，アメリカ人参加者のほうが日本人参加者や韓国人参加者よりも，他者一般を信頼する傾向が強いことが示されている．ちなみに，日本人参加者と韓国人参加者の間には，一般的信頼感にほとんど差が見られていない．

　また，図 10-2 の上の 3 本の破線は，非協力者に対して「罰金」が課せられる条件での，日，米，韓 3 国の参加者の平均協力パーセントを示している．この条件での 3 本の直線は概ね右下がりであり，その傾向はアメリカ人よりも日本人や韓国人で強い．このことは，非協力者が罰される場合には，高信頼者よりも低信頼者のほうがむしろ集団のための協力行動をとりやすくなること，そしてそのような罰の効果が，アメリカ人よりも日本人や韓国人により強く見られることを示唆している．この図には示されていないが，非協力者に対する罰を支持する程度に低信頼者と高信頼者に差が

あり，他人を信頼できない低信頼者のほうが高信頼者よりも，非協力者に対する制裁を強く支持することが，実験の結果で明らかにされている．つまり，低信頼者は高信頼者よりも制裁によって非協力者をコントロールしようとする傾向が強く，そのため罰金条件での罰が低信頼者の間で強力に働くようになるため，制裁に対する支持が弱くそのため罰があまり強力に働かない高信頼者よりも，社会的ジレンマで集団のために協力的な行動をとるようになったのだと考えられる．

この結果は，集団主義的だと考えられている日本人や韓国人が集団の中で協力する傾向が強いのは，アメリカ人に比べて他者一般を信頼する傾向が強いからではなく，集団の中でお互いの行動を監視し，非協力的な行動をとる人たちに制裁を加えるための仕組みが，日本や韓国の社会に組み込まれているからだ，ということを意味しているように思われる．このような互いに行動をコントロールすることができない「制裁なし条件」では，日本人や韓国人は他者一般（つまり，これまで顔を合わせたことのない匿名の他の参加者）を信頼することができず，社会的ジレンマで協力行動をとりにくくなったのだと考えられる．

10.5　集団主義社会の均衡を崩すコストの増大

これまでの日本社会では，人々は主として他者一般に対する信頼ではなく，安定した関係の内部の仲間に対する安心を求めて「集団主義的」に行動してきた．このような社会のあり方と人々の行動がこれまで続いてきたのは，それがゲーム理論でいう「均衡状態」を形成しているからである．つまり，人々が安定した関係の内部での相互協力を求めて行動している限り，他者一般に対する信頼は育成されない．そして他者一般に対する信頼が育成されない限り，人々は安定した関係を築いて，その中で安心できる

環境をつくろうとする．他の条件が変化しない限り，この「均衡関係」は変化しないだろう．

しかし，現在の日本社会は，この「均衡関係」を崩すような新たな変化に直面している．ここではこのことを，系列取引のメリットとデメリットを例として考えてみよう．系列関係にある特定の部品メーカーから部品を購入している大手メーカーを考える．この大手メーカーは，系列部品メーカーから部品を継続的に購入することで，急な注文にも無理が利くとか，常に監視していなくても部品の品質の管理が十分に行き届くとかの，さまざまなメリットを受けている．このようなメリットは，他の部品メーカーが極端に安い値段で部品を提供することがない限り，一番安い値段で部品を提供する部品メーカーに次々に乗り換えることで得られるコストの節約を補って余りある場合が多い．これまでの日本のメーカーが系列取引を重視してきたのは，このメリットがコストを上回る場合が多かったからである．

しかしここで，たとえば，外国の部品メーカーが競争に参加することによって，非常に安い価格で同じ部品を提供する部品メーカーが現れることになったとしよう．この大手メーカーは，これまでの取引関係を継続することで得られるメリットを，安売りメーカーに乗り換えることで得られるメリットと比較して，値段の差があまりにも大きくなれば，これまでの取引関係を継続することによって得られるメリットを諦めても，新しい相手との取引関係に入ることになるだろう．上述の「集団主義的」な社会のあり方をつき崩すきっかけは，このような，安心できる相手との安定した閉鎖的関係を維持することのコストがあまりにも大きくなりすぎることによって提供されることになる．

しかし，関係の閉鎖性がもたらすデメリットの増大が「集団主義的」な均衡を崩すきっかけを提供することになったとしても，安心を求める閉鎖

的な社会のあり方から，より開放的な社会のあり方への転換にうまく成功するためには，その過程で他者一般に対する信頼の醸成が必要とされるはずである．本章では最後に，他者一般に対する信頼の育成問題について考えることにする．

10.6 社会的知性としての信頼

　他者一般に対する信頼である一般的信頼の育成について考えるにあたって，ここでまず，山岸らが行った実験について紹介することにしたい．他者一般を信頼する傾向の強い高信頼者は，そのような傾向の弱い低信頼者と比べて，一般に「お人好し」な人間であると思われやすい．しかし，山岸らが行ったいくつかの実験の結果は，実はこの常識的な理解とは逆に，高信頼者のほうが低信頼者よりも，他人が信頼できるかどうかについて注意深く振る舞い，そして他人が信頼できるかどうかを正確に判断できることを示している．

　これらの実験では，実験参加者はあらかじめ，実験の数週間前に質問紙を使って測定した一般的信頼尺度の値に基づいて，高信頼者と低信頼者に区別された．図10-3は，これらの実験の1つ（小杉・山岸，1998）で，実験参加者にある文章を読んでもらい，その文章に登場する人物が信頼にあたいする行動をすると思うかどうかを，パーセンテージで判断してもらった結果を示している．

　グラフの一番左の端は，登場人物についての情報が全く与えられていない場合に，その登場人物が信頼にあたいする行動をすると判断したパーセンテージを示している．ここで示されているのは，何の情報もない他者一般に対する行動の見積もりである．低信頼者による見積もりと高信頼者による見積もりを示す2つのグラフの左端の違いは，低信頼者よりも高信頼

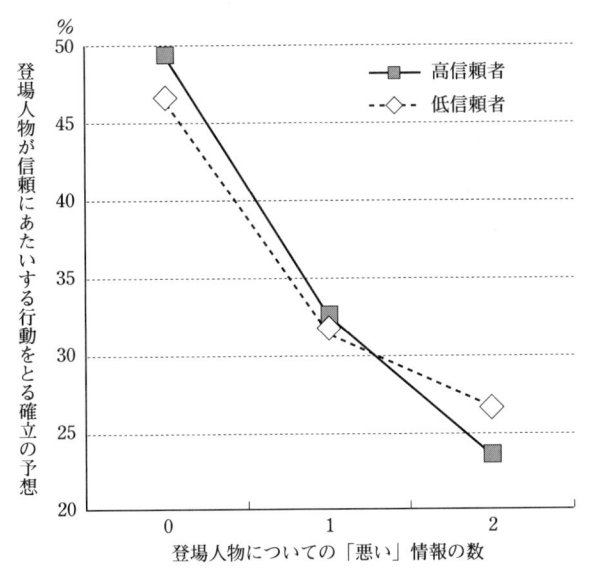

図 10-3 小杉・山岸 (1998) の実験で,高信頼者と低信頼者が行った,シナリオの登場人物の信頼性の判断

者のほうが,登場人物が信頼に値する行動をとると思いやすいことを示している.つまりこの結果は,高信頼者は低信頼者に比べて,何も情報のない相手を信頼しやすいことを示している.

これに対してグラフの右側には,登場人物が信頼に値しない人間であることを示唆する「悪い」情報が1つ,ないし2つ与えられたときに,登場人物が信頼に値する行動をする可能性がどれくらいあると思うかが示されている.高信頼者も低信頼者も,登場人物についての「悪い」情報が与えられるにつれて,登場人物が信頼に値する行動をとると思う見積もりを低めているが,その程度は,低信頼者よりも高信頼者でより強く見られている.つまり,高信頼者は低信頼者よりも急速に登場人物の信頼性の評定を

低めている．このことは，高信頼者は低信頼者に比べ，他人が信頼に値しない人間であることを示唆する情報に，より敏感に反応していることを意味している．また，別のいくつかの実験（菊地・渡邊・山岸，1997；Yamagishi, Kikuchi & Kosugi, 1999；山岸・小杉，1999）では，高信頼者のほうが低信頼者よりも，相互作用の相手が信頼に値する行動をとるかどうかを，より正確に予測していることが示されている．

　他者一般あるいは人間性一般を信頼するということは，やみくもに他人は信頼できると思い込むことではなく，他人が信頼できるかどうかを見分けるための感受性とスキルを身につけたうえで，とりあえずは他人は信頼できるものと考えるゆとりをもつことだというのが，これらの研究から導かれる結論である．このゆとりをもつことができなければ，「人を見れば泥棒と思え」と決めつけることになってしまう．このことは，集団の閉鎖性を克服するにあたって必要な一般的信頼の育成のために，人を理解したり他人とうまく付き合っていく能力である，社会的知性が必要なことを意味している．

　これからの日本社会をより開かれた社会としていくためには，他者一般に対する信頼を高めることが必要だが，そのためには，異文化に対する偏見を捨て「国際人」としての心構えをもつようにといった「お説教」を繰り返すだけではなく，信頼は社会的知性に裏打ちされてはじめて維持できるという理解に立って，広い意味での社会的知性の育成を心がける必要があることを，これらの実験結果は示唆している．

引用文献

菊地雅子・渡邊席子・山岸俊男（1997）.「他者の信頼性判断の正確さと一般的信頼：実験研究」『実験社会心理学研究』**37**（1），23-36.
清成透子・山岸俊男（1996）.「コミットメント形成による部外者に対する信頼

の低下」『実験社会心理学研究』36 (1), 56-67.
Kim, Y. & Son, J. (1998). Trust, cooperation and social risk : A cross-cultural comparison, *Korea Journal*, 38, 154-189.
Kollock, P. (1994). The emergence of exchange structures : An experimental study of uncertainty, sommitment, and trust. *American Journal of Sociology*, 100, 313-345.
小杉素子・山岸俊男 (1998).「一般的信頼と信頼性判断」『心理学研究』69 (5), 349-357.
統計数理研究所国民性調査委員会 (編) (1982).『日本人の国民性』(第4版) 出光書店.
Yamagishi, T. (1988). The provision of a sanctioning system in the United States and Japan. *Social Psychology Quarterly*, 51, 265-271.
山岸俊男 (1998).『信頼の構造：こころと社会の進化ゲーム』東京大学出版会.
Yamagishi, T., Kikuchi, M., & Kosugi, M. (1999). Trust, gullibility and social intelligence. *Asian Journal of Social Psychology*, 2 (1), 145-161.
山岸俊男・小杉素子 (1999).「社会的交換における裏切り者検知」『認知科学』6 (2), 179-190.
Yamagishi, T. & Yamagishi, M. (1994). Trust and commitment in the United States and Japan. *Motivation and Emotion*, 18 (2), 129-166.

11

甘　え

山口　勧

はじめに

　日本人は甘えを日常的に経験している．自分が甘えることもあれば，人に甘えられることもある．土居 (1971) が指摘したように，甘えは日本人の心性を理解するためには重要な概念だと思われるが，必ずしもこの現象についての理解は進んでいない．一般の人だけでなく，多くの研究者，とくに海外の研究者はこの現象を誤解している．この章では，甘えがどのような心理学的な意味をもっているかについて，これまでとは違った観点から考えることにしよう．

11.1 「甘え」とは何か

　日本人理解のために甘えが重要であることを最初に指摘したのは，精神分析学者の土居 (1971) である．彼は，日米両国での臨床経験に基づいて，日本独特の概念である「甘え」を，日本人の精神構造を理解するための鍵概念であると考えた．その甘えの理論は，精神分析のみならず心理学，文

化人類学などに大きな影響を与えている．

　土居 (1971) によれば，甘えの心理的原型は，母子関係における乳児の心理に存在するという．「乳児の精神がある程度発達して，母親が自分とは別の存在であることを知覚した後に，その母親を求めることをさして言う言葉」が甘えであると彼はいう (p. 81)．したがって，「甘えの心理は，人間存在に本来つきものの分離の事実を否定し，分離の痛みを止揚しようとすることである」と定義される (p. 82)．

　土居のこのような定義は，あまり明確なものとはいえない．その後の彼自身の定義も必ずしも一貫しておらず，最近の論文では，「甘えとは大まかにいって依存あるいは依存欲求に対応する」としている (Doi, 1997, 山口訳)．そのため，他の研究者は土居による定義のあいまいさを批判したり，独自の定義を提案したりしている (e.g., Kumagai, 1981 ; Lebra, 1976 ; Pelzel, 1977 ; 竹友 1988)．さらに，Pelzel (1977) は，土居が日本人の行動のうち，あまりにも多くの部分を説明しようとして他の可能性を考慮しないと批判している (p. 302)．また，独自の定義として，小此木 (1968) は「甘えは，自己の依存が，同時に相手の喜びであるとの期待とその期待の確認を含む相互的な対人交流様式である」と主張している．そして，このような甘えは，お互いが分離した自己を「確立しあっている事実を，一応認め合った上ではじめて成立可能なものであり，相互主体的な現象ということができる」とする．同様に，祖父江 (1972) も，甘えとは，受け入れてくれるとみなして他者に依存することである，と考えている．

　土居に対するさまざまな批判や代替定義がある中で，竹友 (1988) は最も体系内な批判と独自の定義を提案している．彼は他の研究者と同様に，土居の「甘え」の定義の不明確さを指摘し，精神分析理論における甘えの位置づけなどを論じたうえで，独自の定義を提唱した．竹友によれば，「関わりあう (interact) 2人の同意のもとに常識的な日常生活の常規*の社会的

＊　新村出編『広辞苑』(岩波書店) によれば，「通常の規則．常例．標準」を意味する．

拘束から一時的に解放されること」が「甘え」の基本的な意味であるという (1988, p. 133). そして, 甘えを「同意の上で常規の, ある拘束から解放された『意味の場』あるいは『関わり合いの場』を規定するメタ言語」と定義する (p. 142). ここで,「この関わり合いの意味の場は常規の拘束から一時解放されたものであることを互いに同意する」というシグナルの表現である, という. 彼によれば, 常規からの解放と, それについての同意が存在するときに, それを甘えと呼ぶというのである.

彼の定義は一見難解であるが, その指摘は的を射ている. 簡単にいえば, 甘えの状況の特徴として, 甘える人間がその年齢にふさわしい振る舞いをしなくてはならないという拘束 (これが彼のいう常規の社会的拘束) から, 一時解放されるということがある, というのである. 子どもが親に甘えているときには, その子どもが年齢にふさわしい行動をせずに, ほしいままの行動をする点に特徴があると考えられる. たとえば, 10歳の子どもが, 親にご飯を口に持ってきてもらうことを要求すれば, ほとんどの親はその子は甘えているとみなすであろう. それは, もう10歳になれば, 自分で食べるのが当たり前 (常規) であるからである. また, 大人でも当然自分でなすべきことをせずに, 他者に依存していればその人はその他者に甘えているということになる. このような竹友の解釈は, 少なくとも甘えの一側面を的確にいい当てている. ただし, 常規の拘束からの解放について,「互いに同意する」という限定を加えているため, その適用範囲が不必要に限定されてしまっていると考えられる.

11.2 「甘え」という言葉の使い方

土居 (1988) は, 竹友 (1988) の批判に対して, 甘えを一義的に定義することは非常に難しく, 定義から出発することには反対である, と答えてい

る（p.102）．しかし，『甘えの構造』の出版から四半世紀を越える年月が経っているにもかかわらず，甘えの概念を曖昧なままにしておくことは，甘えに関する研究を進めていくうえで，大きな障害となることもまた事実である．研究者がそれぞれ勝手に甘えを定義すれば，研究者間のコミュニケーションが成り立たず，甘えに関する研究は進歩しないであろう．実際，アメリカ精神分析学会において，1997年に行われたシンポジウムでも，研究者間に一致した甘えの定義は見られなかった．それだけでなく，あるアメリカ人の研究者は，自分が来日した際にバスの乗り方がわからなかったのを日本人に助けてもらったことを甘えの例として述べるなど，外国人には甘えの現象自体がよく理解されていないことが明らかになった．

そこで，山口（1999）は，日常用語としての甘えの使い方の規則として，次のようなものを考えた．そこでは，竹友（1988）のいう「常規の拘束」という概念が重要な要素として含まれている．すなわち，甘えの重要な構成要素であると考えられている「ほしいままの行動」とは，竹友（1988）が指摘しているように「常規」から外れた行動であると考える．ここでいう，常規を外れた行動とは，その人の年齢や置かれた状況などから，当然その人が自分でなすべきことであったり，なすべきでないこと，のことである．ただし，ここでは，常規とは，甘えている者ではなく，その行動を観察する立場にある者の主観的な基準と定義した．つまり，対象者の行動や欲求が，観察者のもっている主観的な基準から外れているかどうかを，観察者が判断するのである．この観察者の考える基準は，必ずしも，甘える者の考える基準とは一致しない．むしろ，一致しない場合のほうが一般的であろう．そのようなとき，甘えているとされる者は，自分が常規を外れた行動をしていることは意識していないと考えられる．なお，この「常規」という概念は，あまりなじみのないものであるので，以下では「常規をはずれた」という意味で，「不適切な」という表現を使うことにする．

さて，人が他者の行動や欲求を「甘え」と呼ぶためには，それが不適切なだけでは不十分である．さらに，不適切な行動や欲求が相手に受け入れられることを期待している，とみなすことが必要である．ここで，不適切な行動や欲求が相手によって同意されている必要はない．この点が竹友(1988)の考え方と異なる点である．甘える者が，自分の不適切な行動や欲求が相手によって受け入れられることを期待していれば十分である，と山口（1999）は考えている．

　すなわち，行為者は「自分の不適切な行動や欲求」が「相手に受け入れられることを期待している」とみなすときに，観察者はその行動や欲求を「甘え」と呼ぶのである．ここで，適切かどうかは，あくまでも観察者がいわば一方的に判断するものであり，「相手に受け入れられることを期待している」というのも，あくまでも観察者の判断である．したがって，この定義によれば，他者の行動や欲求を「甘え」と呼ぶかどうかは，観察者の判断次第だということになる．行為者と観察者の判断は異なることがあるのは，日常生活でもよく経験することである．自分は甘えているつもりはなくとも，人には甘えとみなされるということは日常生活でもよく見られることであろう．また，自分が自分自身の行動の観察者になることもある．たとえば，自分の行動を省みて，「自分は甘えているな」と判断するとき，このような観察者の視点から自分自身の行動の適切さなどについて考えていると思われる．

　このように考えると，観察者が人の行動や欲求を「甘え」と判断するのは，次の2つの構成要素がともに存在するとみなすときである．第1に，ある人の行動や欲求が不適切なものである，と観察者が判断すること．第2に，その人は，その行動や欲求が相手に受け入れられることを期待している，と観察者がみなすこと，である．なお，ここで，受け入れられるというのは，相手がいやいや承諾するのではなく，少なくとも行為者を嫌う

ことなく許容するということである．

　たとえば，小学生の子どもが夏休みの宿題をやらずに放っておき，明日から新学期という日に，親が手伝ってくれることを期待していれば，その子どもは親に甘えている，といえるだろう．この子どもは，当然自分の宿題は自分でやることが期待されているのであるから，この子どもの行動は，不適切なものである．これが第1の要素である．ただ，これだけでは通常「甘え」とはいわない．この子どもが，親に怒られることを恐れ，小さくなっていれば，この子どもは甘えているとはいわないであろう．親に代わりに宿題をしてもらうことを期待して，はじめて「この子どもは親に甘えている」というのである．この第2の要素は，誰に対して甘えているかの判断を規定するものでもある．この子どもが，親に宿題をしてくれることを期待しているのであれば，「親に甘えている」ことになる．ところが，親は決して許してくれないと考えているが，学校の先生は許してくれる，と期待しているのであれば，「その子どもは学校の先生に甘えている」とみなされるのであろう．

　また，上に述べた甘えとラベルづけするための規則は，大人にも同じように適用される．たとえば，ある人が混雑した狭い通りに違法駐車をして買い物に出かけ，そのために後続の車が通れずに渋滞が起こってしまったとしよう．これはいうまでもなく不適切な行動である．しかし，その男が買い物から戻ってきて，悪いことをしたと恐縮していれば，甘えとはみなされないだろう．しかし，その男が「自分が買い物をする間，みんなは怒らずに待ってくれると思った」と言ったとしたらどうだろうか．そのときにはじめて，多くの人は「その男は甘えている」とみなすのではないだろうか．これは，この男が不適切な行動をしながら，それをみんなが許容してくれると考えているからであると考えられる．

11.3 日常語としての「甘え」の定義

このように日常的に用いられる「甘え」という言葉の使用ルールと考えられるものに基づいて,「甘え」を自分の行動や願望が,相手からは不適切とみなされているにもかかわらず,相手がそれを受け入れることを期待すること,と定義する．このように日常言語としての「甘え」の用法と考えられるものに即した定義を行えば,われわれが通常「甘え」と呼んでいるものについての研究を行うことができるであろう．一般的に,科学的な構成概念として「甘え」を定義するとき,研究者がどのような定義をしようとも,それはその研究者の研究上の関心や好みに基づくものであり,定義自体が正しかったり誤っていたりすることはない．ただ,日常語としての「甘え」とかけ離れた定義を行えば,日本人が通常「甘え」とみなす現象を扱えなくなるだけのことである．そのため,「甘えの理論」の提唱者である土居 (1971) も,その批判を行った竹友 (1988) も,ともに日常言語としての「甘え」の分析を重視していたのである．

11.4 無条件の愛情や好意への欲求とコントロールの欲求

それでは,このように定義される甘えがどのような欲求に基づいているかを考えてみよう．この定義によれば,甘えるとき,人は自分の行動が相手の考える基準から外れていても,相手は自分の行動や欲求を受け入れてくれることを期待する．したがって,甘えるとき,その人は自分がどんな行動をしても相手に自分を愛してほしい,あるいは好意を持ち続けてほしい,という無条件の愛や好意を求めていると考えることができるであろう．

```
        ┌─────────────────┐
        │      甘  え      │
        └─────────────────┘
           ↑           ↑
   ┌──────────────┐  ┌──────────────┐
   │ 無条件の愛・好意 │  │ コントロールの欲求 │
   │   への欲求    │  │              │
   └──────────────┘  └──────────────┘
```

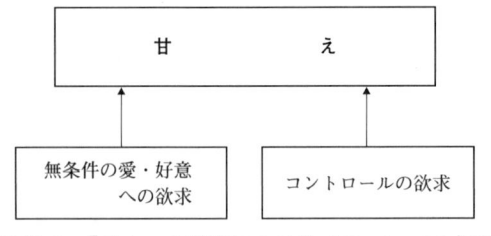

図 11-1 「甘え」の基底にある欲求についての仮説

相手が無条件の愛や好意をもっていれば，不適切な行動も受け入れてくれるわけである．

さらに，甘えは，自分の置かれた環境を自分の思いどおりにしようとするコントロールの欲求の現れとも考えられるのでないだろうか．相手が自分のどのような行動も欲求も受け入れてくれるのであれば，自分の住んでいる世界を思いどおりにコントロールすることができるであろう．したがって，甘えは第9章で述べたようなコントロールの欲求の現れとも考えられるであろう（図 11-1）．

したがって，甘えはできるだけ無条件の愛や好意を求めたり，思いどおりに環境をコントロールしたいという欲求の結果として生じると思われる．これらの2つの欲求がともに甘えの基底にある場合もあれば，どちらかのみによって起こることもあるだろう．

11.5　甘えと依存

土居の『甘えの構造』の英訳のタイトルが "The Anatomy of Dependence" (Doi, 1973) となっていることからも想像できるように，甘えと依存とは混同されてきたし，すでに引用したように，土居自身も甘えを「大

まかにいって依存あるいは依存欲求に対応する」としている．しかしながら，これまで説明してきたような甘えの定義をすれば，甘えと依存とは区別すべきものであるということになる（山口, 1999）．甘えは，無条件の愛情・好意を求める欲求あるいは，第9章で説明したようなコントロールの欲求の現れと考えると，それは究極的には土居(1971)も木村(1972)も主張しているように，相手との一体化によって実現されるしかないものであり，木村(1972)のいうように，「ないものねだり」である．

　そうではあるが，仮に一体化ができたとき，あるいは仮想の一体感が達成されたとき，甘えている者が求めている一体化とはどのようなものであろうか．土居(1971)は，母子関係にその原型があるとし，子どもは母親との分離を否定し，一体化を求めるのだと主張する．「分離の事実を止揚し，もっぱら情緒的に自他一致の状態をかもしだすという甘えの心理」(p.83)は，それではどのような自他一致を求めているのであろうか．母子の一体化を考えるとき，母子が一体化するためには，どちらかが一方に同化する必要がある．そのとき，甘える者が求めているのは，あくまでも母親が，自分の欲求をそれがどんなに不適切であろうとも受容するほど，自分と同一化されることのはずである．これは，母親が自分に同化することに他ならない．もしも，逆に，自分が母親に同化するのであれば，自分は母親によって不適切とみなされる行動や欲求を諦めなくてはならないであろう．これは甘える者が求めているものではないはずである．

　このことは，どのような条件が達成されれば甘える必要がなくなるかを考えてみれば明らかであろう．満腹になれば食べなくなるように，人を甘えに駆り立てている欲求が完全に満たされれば，甘えは起こらなくなるはずである．これは，母子関係でいえば，母親が自分の欲求を完全に理解し，欲しいものが欲しいときに与えられるときであろう．もちろんこんなことは起こるはずはなく，だからこそ甘えが必要になるのである．それでは，

逆に，自分が相手と同化することによって同一化を求めるときには，どのような行動をするであろうか．その場合，甘えは全く起こらないはずである．自分は相手の欲求，好み，意見などを知り，それを取り入れて自分のものにしようとする．したがって，相手の考える不適切な行動や欲求を自分がもっていることを知れば，その行動を中止し，欲求を抑圧するであろう．甘えにおける同一化は，他者を変えることによって達成されるはずのものであろう．

　一方，依存に関してはさまざまな定義があるが，どの定義をとるにしても，依存している者は依存の対象を自分に同化させることはできないはずである．たとえば，母親に心理的に依存している者を考えてみよう．この人は，何かにつけ母親の意見に従い，承認を求めることになろう．このような人は，母親の意見によって自分の行動を変えることはあっても，自分の意見によって母親を変えることはできないはずなのである．もしも，依存する者が何らかの影響を依存させる者に与えるというのであれば，それは相互依存の関係であり，もはや単なる依存とはいえなくなるであろう．

　以上の議論は，コントロールという視点から考えると，より明らかになる．一般的に，他者に依存しているとき，状況をコントロールできるのは，依存している人間ではなく，依存されている人間である．たとえば，生計をだれかに依存していれば，依存している相手の言うことを聞かなくてはいけないものである．相手を怒らせたり，不満をもたせたりしたら，生計の道を絶たれるかもしれないからである．したがって，依存しているほうが相手によってコントロールされることになる．一方，たとえば子どもの場合には，経済的には親に依存しているのであるが，甘えが許される場合には上のような依存関係にはならない．子どもの甘えを許容していれば，親は子どもをコントロールできなくなり，逆に子どもの意志によってコントロールされるようになるからである．以上のように，甘えと依存とは明

確に区別されるべきであるし，区別することができる概念なのである．

11.6 甘えと愛着

　甘えと愛着の区別もこれまで明確にされてこなかった．愛着とは，より弱く未熟な者が，より能力のある強い者に対して抱く特別な情緒的な結び付きのことである．乳幼児のような弱い者が母親に保護を求め頼っていく関係の中で，こうした結び付きが発達してくると考えられている（Bowlby, 1969 ; Godberg, 2000）．そのため，愛着は母子関係を研究する際の重要な概念と考えられている．甘えの原型が母子関係にあるといわれていることと考え合わせると，甘えと愛着とが密接に関係していることが想像できるであろう．実際，土居は愛着と甘えは同じ分野を対象としているとしている（Doi, 1989, p. 350）．

　甘えと異なり，愛着に関しては多くの実証的な研究が行われている．とくに，エインズワース（1978）の開発したストレンジ・シチュエーション手続きを用いて，子どもが母親と一緒に知らない部屋に入り，母親が部屋を出てしまったときなどにどのような行動をするかを観察して，子どもの愛着のタイプが研究されている．それによれば，母親との間に安定した愛着関係を築いている「安定した愛着型」とそうでない「不安定な愛着型」とがあることが知られている．さらに，不安定な愛着型には，回避型と抵抗型とがよく知られている（表 11-1）．この表から，安定型の子どもは適応的で母親との関係もよいことが理解できるであろう．実際，このタイプの子どもが社会的にも自立した子どもとして育っていくと考えられている．

　それでは，この愛着のタイプと甘えとはどのような関係があるのだろうか．ロスバウムら（Rothbaum et al., 2000）のように甘えを依存と同一視して，社会的に望ましくない行動であるとみなせば，安定型の子どもが甘え

表 11-1　ストレンジ・シチュエーションにおける典型的な幼児の行動

安定型
　母親と一緒に知らない部屋にいるとき，その部屋で自由にさせておくと，うれしそうにおもちゃで遊び，新しい環境を大胆に探索する．母親が部屋を出てもそれほど困った表情を見せないが，母親が帰ってきた際には母親に対して好意的に対応する．再度，母親が部屋を去ったときには，困った表情を出す傾向があり，この時点で遊びや探索が減る．2度目に母親が戻ってきたときには，母親のところにいって気を休め，割とすぐに遊びを再開する．

不安定回避型
　母親と一緒に知らない部屋にいるとき，その部屋の中で自由にさせておくと，母親に対しあまり関心を示さず，無表情で，おもちゃ遊びにも熱中しない．母親が部屋を出てもとくに困った表情を出さない．母親が戻ってきても接触しようとしないで，むしろ避けるようなそぶりも見せる．

不安定抵抗型
　母親と一緒に知らない部屋にいるとき，その部屋で自由にさせておくと，落ち着かず，部屋の中を探索しようとしない．母親が部屋を出て行くときにはかなり困ったような表情を出すが，帰ってきた母親に安らぎを求めることはない．母親に突進して近づくが，慰められることを拒む．母親への接し方が，好意的かどうかがはっきりしない．

(Durkin, 1995)

るとは考えにくい．ところが，甘え行動は必ずしも不適応な行動ではなく，依存とも異なると考えれば，安定型の子どもが甘え行動をしてもおかしくはない．山口と有泉は表11-1にある記述をふつうの人に読んでもらい，それぞれのタイプの子どもがどの程度甘え行動をするか，どのような甘えをすると思うか，などについて回答してもらった（Yamaguchi & Ariizumi, 執筆中）．

　ここでは，心理学の専門家ではなく，ふつうの人々が回答者になっているが，甘えは日常的な現象であるため，彼らでも多くのエピソードを観察しているはずである．したがって，専門家ではなくても，甘えの頻度や質などについて十分判断できると考えたのである．回答結果を見ると，安定型の子どもが最も頻繁に甘えると予想され，その甘えの質も好ましいものであるとされた．一方，不安定型の2つのタイプの子どもたちは，安定型ほどは甘えないとみなされ，甘えた場合でもその甘えは望ましくないもの

であるとされた.つまり,安定型の子どもは好ましい甘えをするとみなされ,不安定型の子どもは好ましくない甘えをするとみなされたのである.この結果は,不安定型の子どもが甘えるとみなすロスバウムらの最近の主張(Rothbaum et al., 2000)に反するものである.

　こうした結果から,甘えと愛着および依存との違いについて次のようなことが結論できる.まず,甘えは依存あるいは自律性のなさとは区別すべきである.独立していて自律的であると考えられる安定型の子どもが甘えるとみなされるのだから,甘えを依存とみなしてしまうと,依存的な子どもが独立していて自律的であるという矛盾した傾向をもっていることになってしまう.第2に,愛着と同じように甘えにも複数のタイプがあるということである.好ましいタイプの甘えが安定型の子どもに見られ,好ましくないタイプの甘えが不安定型の子どもにみられると考えられる.

　それでは,どのような甘えが好ましく,どのような甘えが好ましくないのであろうか.キム,山口,および大学院生たちは,ふつうの人たちが考える甘えとは何かについて,日本人の中学生,高校生,大学生,社会人を対象に調査を行っている.その結果,上の議論から予想されるように,人々は甘えに関して,その良い面および悪い面を認識し,好悪感情をともにもっていることなどがわかっている.

　無条件に受け入れてほしいと求められること,つまり甘えられること,はその相手にとってうれしいものであったり,迷惑なものであったりするであろう.無条件の愛を求められるということは,甘える者から深い愛を求められているということであり,とくに自分が好ましく思っている相手(自分の子ども,配偶者,恋人など)からの要請であれば,甘えさせる方にとっては,うれしいことのはずである.ところが,甘えには不適切な行動がその構成要素として含まれている.この不適切な行動は,それだけを取り出せば,甘えさせる側にとっては,不愉快な要素である.そのため,こ

の研究の回答者たちは，甘えに対してアンビバレントな評価を行ったと考えられる．

11.7 ま と め

　土居の甘え理論への反響の大きさに比べると，甘えについての実証研究はあまりに少ない．そのために，海外の研究者によって甘えが誤解され，多くの場合依存と同一視されたり，不適応行動とみなされたりしている．このような誤解を解くためには，この章で述べたような，より明確な定義とそれに基づく実証的な研究が必要とされている．

引用文献

Ainsworth, M. D. S., Bell, S. M., & Stayton, D. J. (1971). Individual differences in strange situation behavior of one-year-olds. In H. R. Schaffer (Ed.), *The origins of human social relations* (pp. 17-52). New York: Academic Press.

Bowldy, J. (1969). *Attachment and loss*. Vol. 1. *Attachment*. New York: Basic Books.

土居健郎 (1971).『「甘え」の構造』弘文堂.

土居健郎 (1988).「『甘え』理論再考――竹友安彦氏の批判に答える――」『思想』, **771**, 99-118.

Doi, T. (1973). *The anatomy of dependence*. Translated by John Bester. Tokyo: Kodansha.

Doi, T. (1989). The concept of Amae and its psychoanalytic implications. *International Review of Psychoanalysis*, **16**, 349-354.

Doi, T. (1997). Some reflections on the concept of Amae. Paper presented at the symposium "Amae reconsidered: Sweet indulgence, the suspension of formality, dependency, and refueling in Japan", American Psychoanalytic Association's 86th Annual Meeting, May 17, 1997, San Diego, California.

Durkin, K. (1995). *Developmental social psychology*. Massachusetts: Blackwell.

Goldberg, S. (2000). *Attachment and development*. London: Arnold.
木村敏 (1972).『人と人との間——精神病理学的日本人論』弘文堂.
Kumagai, H. A. (1981). A dissection of intimacy: A study of "Bipolar Posturing" in Japanese school interaction—amaeru and amayakasu, indulgence and deference. *Culture, Medicine, and Psychiatry*, **5**, 249-272.
Lebra, T. S. (1976). *Japanese patterns of behavior*. Honolulu: East-West Center.
小此木啓吾 (1968).「甘え理論 (土居) の主体的背景と理論構成上の問題点」『精神分析研究』**14**, 14-19.
Pelzel, J. (1977). Book review: Japanese personality in culutre. *Culture, Medicine, and Psychiatry*, **I**, 299-315.
Rothbaum, F., Weisz, J., Pott, M., Miyake, K., & Morelli, G. (2000). Attachment and culture: Security in the United States and Japan. *American Psychologist*, **55**, 1093-1104.
祖父江孝男 (1972).「日本人の意識と国民性の変遷過程」飽戸弘・富永健一・祖父江孝男 (編著)『変動期の日本社会』日本放送出版協会.
竹友安彦 (1988).「メタ言語としての『甘え』」『思想』**768**, 122-155.
山口勧 (1999).「日常語としての『甘え』から考える」北山修 (編)『日本語臨床3:「甘え」について考える』(pp. 31-46). 星和書店.
Yamaguchi, S., & Ariizumi, Y. (執筆中). Amae and attachment.

12 紛争解決

大渕 憲一

はじめに

紛争あるいは葛藤（conflict）とは個人間，集団間，あるいは個人と集団間の争いや対立である．本章の前半では対人間の葛藤について，後半では法律・経済分野における紛争解決について日本人の特徴を論ずる．

12.1 対人葛藤

対人葛藤とは「友だちどうしがお金の貸し借りでもめる」，「妻が家事の負担について夫に不満を言う」，「仕事の失敗について同僚が責任をなすりあう」，「お隣どうしで仲が悪い」，「クラスの中でいじめがある」等々の対人的状態である．心理学的には，葛藤は「ある人の願望や期待が他の人によって妨害されている状態」と定義される．ある従業員が「1日1万円もらえる」と期待しているときに，雇用主が半分しか払わないなら，そこに葛藤が生ずる．自分の意見が尊重されることを期待している妻に対して，夫がそれを無視するなら葛藤が発生する．つまり，紛争・葛藤の原因は妨

害であり，一方が他方によって妨害されていると知覚することによって生ずる．

葛藤では関係者双方が常に不愉快な状態にあるわけではない．これらの例のように，被害者側は妨害されたと感じているが，加害者側はそれに気づかないこともある．被害者側が不満を表現して，葛藤の存在が社会的に認知される．関係者双方が葛藤認知をしている状態を顕在的葛藤，一方の当事者が主観的に知覚しているだけの状態を潜在的葛藤という．

対人葛藤の中には，当事者双方が互いに妨害されていると思っているケースも多い．その場合にも，潜在的葛藤と顕在的葛藤がある．家事の分担について夫婦のどちらもが不満に思っているが，口にしないという場合もある．顕在化した葛藤，中でも深刻な葛藤を紛争と呼ぶ．

対人葛藤の原因

対人葛藤は，どんな原因で起こるのであろうか．日本とアメリカの大学生433名に対人葛藤を報告させ，原因項目を因子分析したものが図12-1の7因子である（大渕・小嶋, 1998）．最も多い葛藤原因は「誤解」で，これは関係者相互のコミュニケーション不足によって葛藤が起こることである．2番目に多いのは「不当な扱い」で，相手による軽視，差別，否定的評価，批判，侮辱，不公平な扱いなど心理的危害を含む出来事である．「ルール違反」とは相手のマナー違反や信頼を裏切る行為，「不一致」は主張や意見の対立，習慣の相違など，「妨害」は相手による自由・プライバシーの侵害あるいは活動の妨害などを含む．その他，「金銭トラブル」，「生理的不快」などが見出された．日本人はアメリカ人に比べると，葛藤原因として誤解と生理的不快を挙げることが多く，不当な扱いと感じることは相対的に少なかった．日本人は，相手に悪意があると思うよりも，意思疎通のなさなど関係の質に葛藤原因を求めることが多い．また，生理的不快の得点の高さ

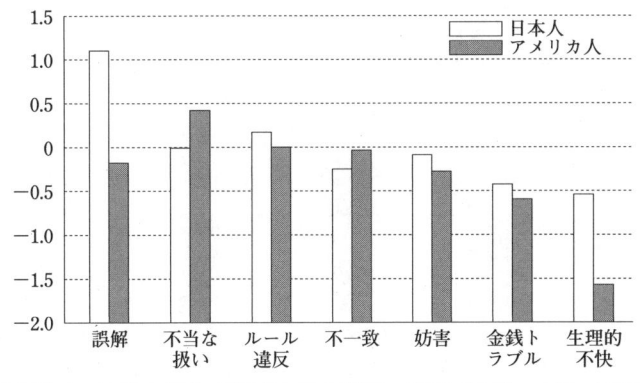

図 12-1 日米大学生が挙げた対人葛藤の原因（大渕・小嶋, 1998）

は日本人の神経質さを表している．

葛藤解決方略

葛藤は不快な状態なので，当事者はこれを解消しようとさまざまの試みを行う．相手に直接抗議する人もいるが，間接的にほのめかすやり方を好む人もいる．こうした行動は解決方略（resolution strategy）と呼ばれる．解決方略は数え方によって数百の種類が挙げられるが，ここでは概略的分類法を使って日本人の葛藤対処を見てみよう．

図 12-2 は，日本人とアメリカ人の学生に，自分が経験した対人葛藤を4種類の方略タイプについて評定させた結果である（Ohbuchi *et al.*, 1999）．対話方略とは，お互いの事情を考慮して，相互になるべく不満を残さず話し合いで葛藤を解決しようとする試みで，具体的には「穏やかに相手を説得する」，「相手の怒りや不安を鎮める」などの項目を評定させた．対決方略とは，自分の要求実現を優先し，相手を従わせようとする試みで，項目は「自分の立場を強く主張する」「相手を批判する」などである．第三者方

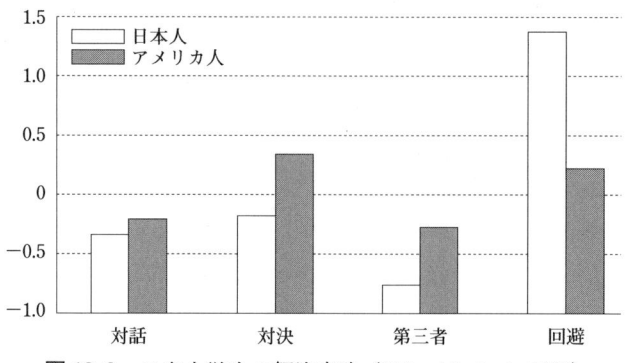

図 12-2 日米大学生の解決方略 (Ohbuchi et al., 1999)

略とは，葛藤解決のために第三者の助けを求めることで，「第三者に自分の応援を頼む」などの項目，最後に回避方略とは，葛藤の顕在化を避け，何事もなかったように振る舞うやり方である．項目は「自分を抑えて，対立を避ける」である．

　図 12-2 は日米の学生の解決方略の違いを明瞭に示している．アメリカ人学生が対人葛藤において最もよく用いた方略は対決であったが，日本人学生の場合は回避が最も典型的な方略であった．日本人が強い葛藤回避傾向をもつことは，他の研究分野でも示唆されている．日本人の会話パターンを分析したバーンランド (Barnlund, 1975/1979) は，日本人が気まずい状態にならないよう，意見の不一致が予想される話題を巧みに避けて，会話を進行させることを見出した．ビジネス分野における日本人の交渉を研究したゴールドマン (Goldman, 1994) は，いくつかの日本的交渉スタイルの存在を指摘している．それは，実質的な議論は非公式の折衝で行い（根回し），対立や不一致を公の場には持ち込まない．表面上は全会一致を強調する，強引に結論を出そうとせず，意見がまとまるまで辛抱強く時間をかける，などである．こうした研究結果は，日本人が人との直接的対立を恐

れ，不一致が表面化することを避ける強い傾向があることを示している．

大渕と高橋（Ohbuchi & Takahashi, 1994）は日本人に葛藤回避の理由を挙げさせたが，それによると，日本人は人間関係の維持を優先すること，葛藤発生に責任を感じやすいこと，また，葛藤解決に自信がないことが理由と見られる．これについては，次節で改めて論ずる．

葛藤解決における目標

葛藤はある特定の問題をめぐって発生する．これを争点（issue）という．たとえば，金銭の分配だったり労働負担だったりする．当事者たちはそうした特定争点の解決を目指して努力するわけだが，しかし，当事者たちの関心は葛藤解決の過程で変化したり，複雑化したりする．たとえば，金銭トラブルで始まった葛藤も，当事者間のやりとりの過程で，プライドや公平さなど新たな争点が加わって多元化することがある．

関心の多元化を論じた大渕たちの多目標理論は（Fukushima & Ohbuchi, 1996; Ohbuchi & Tedeschi, 1997），(1) 当事者は葛藤解決において複数の目標達成を志向する，(2) 対人葛藤においては金銭など資源的目標よりも関係維持や公正などの社会的目標が重視される，(3) 強く喚起された目標によって方略選択が規定される，などの仮説から成り，彼らは一連の研究においてこれらを実証した．大渕ら（Ohbuchi *et al.*, 1999）は，4種類の社会的目標と2種類の資源的目標を提示して，対人葛藤においてどの目標達成を強く志向したかを日米の大学生に評定させた．図12-3を見ると，アメリカ人学生は公正の達成を最も強く志向し，一方，日本人学生は社会的関係の維持を最も重視して葛藤解決を図った．

トリアンディス（Triandis, 1994）などの文化心理学者によると，公正は個人的権利の保護を最優先する個人主義社会において重要な価値とみなされる．アメリカ人学生が葛藤解決において公正の達成を強く望んだのは，

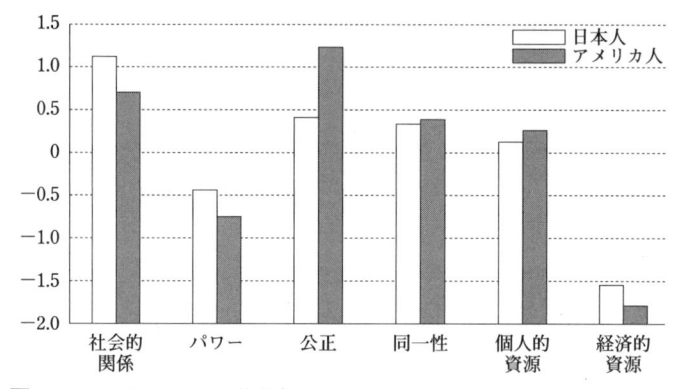

図 12-3 日米大学生の葛藤解決における目標（Ohbuchi et al., 1999）

こうした彼らの個人主義的価値の反映とみなすことができる．一方，日本のような集団主義社会では，個人的権利や利害よりも人間関係や社会秩序の維持が優先される．日本人の回避方略の選好はこうした文化次元との関連で理解可能と思われる．

大渕・渥美（2002）は，日本企業の社員に上司との葛藤経験を報告させ，これを方略と結果について評定させた．葛藤結果は，社会的に望ましい状態が回復されたかどうか，つまり社会的価値（集団調和，正義・公正）の観点と，当事者自身の信用や評判が守られたかどうか，つまり個人的同一性（自律的同一性，協調的同一性）の観点から評定させた．方略の効果を見るために重回帰分析を行ったところ，図 12-4 のパス図が得られた．対話方略は，正義・公正を回復したり，自律的同一性（自律的に判断できるしっかりした人物であるとの評判）を守るのに効果的だったが，一方，回避方略は，集団調和（所属するセクションや部署内の和や秩序）を回復したり，協調的同一性（みんなと仲良くやっていける協調的人物であるとの評判）を守るうえで効果的だった．集団調和や協調的同一性は集団主義者

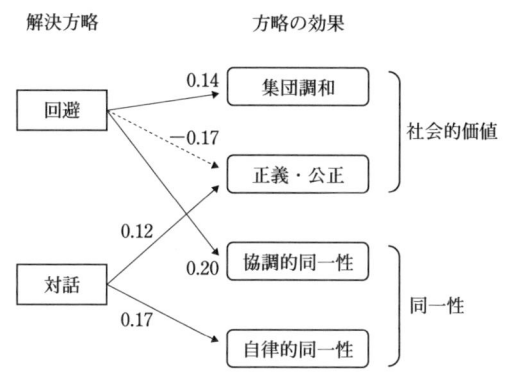

図 12-4 日本企業社員の葛藤解決の方略とその効果（大渕・渥美，2002 より作図）
注：数値は有意な標準偏回帰係数．

が重視するものであり，回避方略はこうした観点から有効なものであり，それゆえ，日本人によって多用されるものと解することができる．

　これらの研究結果は，葛藤解決において人々が選択する方略は，それによって何を達成しようとするか，その目標に依存すること，同時に，日本人は集団主義的価値の達成を目指すために，消極的な方略に向かいがちであることを示している．

12.2　社会制度と紛争解決

　日本人の葛藤回避傾向は対人葛藤の解決だけでなく，社会制度にも反映されている．ここでは法律と経済の分野においてみられる葛藤回避の日本的制度について述べる．

法律分野における紛争解決
　当事者間で解決が困難なとき第三者に援助を求めることがあることはす

でに述べた．紛争解決の公的な第三者機関としては民事裁判所がある．これは裁判官，弁護士などの専門家が法律に従って紛争解決を図るもので，国の重要な機能の1つである．「賠償金を支払え」とか「謝罪広告を出せ」といった裁判所の決定には法的強制力があり，「社会的」には紛争の最終決着となる．しかし，当事者は依然として不満をもち続けることがあり，心理学的には葛藤は未解決のままであることもある．

　日本の民事裁判の特徴は訴訟数が少ないことで，アメリカと比較すると10分の1以下である．1つの説明は，日本人の裁判嫌いを強調する日本文化論である（川島，1967）．裁判によって「白黒はっきりさせる」ことは当事者間の対立を決定的なものにし，人間関係や共同体に亀裂を生じさせると考えられる．前節で見たように，日本人の間には人間関係の調和や集団維持を優先し，葛藤を回避する傾向がある．これが裁判嫌いの文化的要因であるとする見方がある．

　これに対して，日本の法制度の不備を挙げる研究者もいる（Haley, 1991）．日本は欧米諸国に比べて裁判官や弁護士が少ない（アメリカの20分の1），訴訟を起こす適格性が制限されている，勝訴しても得られる損害賠償額が低い，裁判手続きが煩雑で分かりにくいなどが指摘されている（田中・竹内，1987）．つまり，費用，時間，手間の割には得られるものが小さいことが日本における裁判の利用を不活発にしている可能性がある．こうした制度的制約と文化的制約は互いに影響し合いながら，日本人の裁判嫌いを助長していると思われる．

経済分野における紛争解決
　日本は自由主義経済圏に属しながら，その社会システムは多くの点で欧米諸国とは異なっている．一言でいえば，その特徴は経済活動における葛藤回避である．第1に，日本の主要企業には「日本的経営」と呼ばれる独

特の経営形態が見られる．終身雇用，年功給与，退職金などの人事制度のもとでは，報酬は長期勤続に依存するので，社員は会社を辞めざるを得なくなるような葛藤や対立を避けようとする．待遇決定の主要基準が個人的貢献とは別の年齢であることも，社員間の競争を抑制する要因である．日本企業の意思決定には稟議制と呼ばれるボトム・アップ方式が見られる．欧米企業と違い，管理職が強いリーダーシップで物事を決定することは少ない．関連部門の社員たちの意見を集約する形で全体の意思を徐々に形成していく（内野・アベグレン，1988）．日本企業の意志決定は一般に時間がかかるが，こうした手続きは部門間の葛藤を解消し，合意形成を得るのに有効である（オキモト，1990）．

　第2に，企業経営者をチェックするものとして株主と組合が存在するが，日本企業ではこれらが深刻な対立を起こすことは少ない．株主に代わって経営陣を監視する取締役は多くの企業において元社員であり，その監督権限は事実上形骸化している．また，組合のほとんどが企業内組合なので，企業との一体感が強く，会社を窮地に追い込むような闘争は避ける傾向にある．むしろ，日本の組合は会社に対する社員の不満を解消させる機能を果たし，会社の社員管理の一翼を担っている．

　第3に，葛藤の抑制や回避は企業間にも見られる．資金調達，資材購入，製品販売などの各領域において，しばしばグループ化して独占的に取引を行う（企業系列）．また，業界ごとに企業団体や協会があり，互いに活動を規制し合っている．さらに，省庁，県や市などが行政指導などによって企業活動に強い規制を加えている．こうした公的あるいは自主的規制は新規参入を妨げ，企業間の自由競争を制限するもので，結果として，経済活動における葛藤の抑制をもたらす．

　こうした葛藤回避は企業内部，業界内部にいる者にとっては好都合であるが，反面，経済活動の停滞やコスト高を招き，日本経済にとって深刻な

問題となりつつある。現在,日本は,規制緩和によって葛藤回避を優先する旧来システムの構造改革に取り組んでいる.

引用文献

Barnlund, D. C. (1975). *Public and private self in Japan and the United States*. Tokyo: Simul Press. 西山千・佐野雅子(訳)(1979). 『日本人の表現構造』サイマル出版会.

Fukushima, O. & Ohbuchi. K. (1996). Antecedents and effects of multiple goals in conflict resolution. *International Journal of Conflict Management*, **7**, 191-208.

Goldman, A. (1994). The centrality of "Ningensei" of Japanese negotiating and interpersonal relationships: Implications for U. S. -Japanese communication. *International Journal of Intercultural Relations*, **18**, 29-54.

Haley, J. O. (1991). *Authority without power: Law and the Japanese paradox*. New York: Oxford University Press.

川島武宜 (1967). 『日本人の法意識』岩波書店.

大渕憲一・渥美恵美 (2002). 「目標達成の観点から見た組織内葛藤解決:特に葛藤回避の効果を巡って」『東北大学文学研究科研究年報』**52**, 89-102.

Ohbuchi, K., Fukushima, O., & Tedeschi, J. (1999). Cultural values in conflict management: Goal orientation, goal attainment, and tactical decision. *Journal of Cross-Cultural Psychology*, **30**, 51-71.

大渕憲一・小嶋かおり (1998). 「対人葛藤の原因と対人関係:比較文化的分析」『文化』**61**, 66-80.

Ohbuchi, K. & Takahashi, Y. (1994). Cultural styles of conflict. *Journal of Applied Social Psychology*, **24**, 1345-1366.

Ohbuchi, K. & Tedeschi, J. T. (1997). Multiple goals and tactical behaviors in social conflicts. *Journal of Applied Social Psychology*, **27**, 2177-2199.

オキモト,D. I. (1990). 「日本の政治権力」総合研究開発機構(編)『現代日本の政治経済3:日本の文化と社会・経済システム』(pp. 69-112).

田中英夫・竹内昭夫 (1987)『法の実現における私人の役割』東京大学出版会.

Triandis, H. (1994). *Culture and social behavior*. New York: Mc Graw-Hill.

内野達郎・J. C. アベグレン (1988). 『転機に立つ日本型経営』中央経済社.

13

中国人の社会的行動
中国文化におけるグループ・ダイナミックス

梁　覚（Leung, Kwok）・井上 ゆみ

はじめに

ここでは中国人の社会的行動の起因である(1)歴史的・地理的条件から論を起こし，その特徴について考察する．とくに，現代中国人の特徴である(2)環境への適応ストラテジーである融通性，実用主義，起業家精神，(3)集団主義，そして，集団主義の結果から生まれた(4)体面の重視に焦点を当て，日本人のそれらと比較しながら論を進めていく．

13.1 歴史的・地理的条件

黄河中流域に文明が栄えたのが紀元前5000年．以来，長い間中国は農業国家であった．それで，人々は集団として一緒に働く必要があった．同じ村の人々は協力して種まきをしたり，収穫してきたのである．また，農業を営むということは定住することを意味していた．よその土地に移住することなく，何世代も同じ土地を耕してきたのである．物理的移動がなかったばかりか，社会的移動も戦乱などの理由を除いては過去の中国ではほ

とんど存在しなかった．したがって，中国人は集団の中で他の人との調和をとりながら生活してきたのである．さらに，農業は大きく自然に依存する．雨が多く洪水があると，収穫はできなくなり，また生活は苦しくなった．そのため，人々は自然に対抗せず，自然と調和をとって生きる努力をするようになった．

　また，中国は非常に広大な国土をもっている．広大な国土の中には山あり，河あり，砂漠ありで交通の非常に不便なところもあった．言葉も中国語という言語カテゴリーとして分類されているものの，同じ省の中の隣り村の人にも通じない方言がたくさんある．いまでも数百ともいわれるお互いにコミュニケーションできない方言が存在する．そのため，異なる地域の者どうしが同一のグループに属するとは感じにくくなってしまう．また，国土が広いために，地方ごとの伝統習慣も異なっている．たとえば，小麦の産地である中国北部では小麦を使って作った饅頭（蒸しパン）や麵類が主食で，南部では米が主食である．皆さんご存じの四川料理は辛いが，南部の広東料理は甘い味付けになっていて，一般に広東人は辛い物は食べることができない．つまり，国土が広く，言葉も習慣も食べ物も違うために，1つの国の国民としての意識が希薄になってしまうのである．愛国心よりむしろ自分の故郷の村や所属しているグループ，とくに家族に対する帰属意識のほうが強くなってしまうと考えられる．

　さらに，中国の長い歴史の中でさまざまな王朝が興亡を繰り返し，王朝が滅びるたびに人々は流民とならざるを得なかった．普段は定住して，農業に従事していても，ひとたび戦争が起こると言葉も習慣もわからない土地に移住することを余儀なくされたのである．こうした歴史的，地理的条件が中国人の社会行動に大きな影響を与えてきたと考えられる．

13.2 環境への適応ストラテジー

中国では歴史上多くの戦争を経験している．人々は故郷を離れ，言葉が通じない，風習の異なる人々と一緒に暮らさなければならないこともあった．そのとき，同郷人どうしであれば生じないような問題に対処する必要があった．そのため，人々は新しい環境や人へうまく適応するため，いくつかのストラテジーを身につけなければならなかったと考えられる．

融通性
　まず，人々は融通性が重要であることを認識した．たとえば，多くの中国人は，世の中は急激に変化するので，未来は予測しがたいと考えている．そうであるなら，長期的なプランを立てても何の意味もないことになる．たとえば，多くの欧米の会社は5カ年計画を重視して，それを1年ごとに修正する．ところが，この経営法は中国，香港，台湾ではうまく機能しない．中国人は普通，5年先など予測できないと考えているからである．そのため，欧米人のマネージャーは中国人の部下と対立することになる．行政当局の都市計画でも，長期計画を重視しないために，問題が起きたときに次々と多様な政策を導入することになる．

　長期計画を重視しないということは，また臨機応変にものごとを処理することにもつながる．中国人は状況分析力があり，問題点をすぐ探し当て，解決法を考えるのがうまい．そのため，楽観的になることがある．たとえば，香港で，ある人が始めた漢方薬局がうまくいかず，数カ月後にデザート屋に鞍替えした．そして，これもあまり客が来ないので，ついには仕出し屋を始めたというケースがある．これほど多様な商売を考えつき，実際に始めてしまうことから，この経営者は非常に融通がきく人物であること

は容易に想像できよう．香港と台湾の経済発展もこのような融通性のおかげだと考えることができる．

　プラスチックの造花（ホンコンフラワー）が世界中で大人気になったときには香港で造花が大量生産されていた．しかし，その造花の人気が下火になり，欧米でカツラの需要が増えると，造花工場は数カ月でカツラ工場と化していた．この例からわかるように，中国人は的確な状況判断を行い，効果的な解決策を探し出すことに優れているし，自分たちがそのような能力をもっていることも自覚しているのである．香港の「一国二制度」にしても，共産主義思想と香港の置かれてきた資本主義は相い容れないものであるが，こうした違いにさえも融通をきかせてしまうことは多くの中国人にとって非常に自然なことなのである．

　こうした融通性のために，中国人は原則に厳しく従うということはない．即座に対応する必要性から，中国人は原則をあくまでガイドラインや大まかな方針として理解している．歴史的にも，中国の法律はかなり可変性の高いものであった．規律はつねに変わりうるものであった．当事者がだれであるかに依存するため，中国にはすべての状況に適用される普遍的な法律，抽象的な法律原則は存在しなかった．法律は，行使されるときの状況や条件に即して解釈される．これは，抽象的な法律がすべての状況および人間に適用されるとする欧米流の法学思想とは根本的に異なっている．欧米流の公正さの観点からは論外であろうが，中国流の法の運用は現実に柔軟に国を統治することを可能にしたのである．

実用主義

　第2番目の環境への適応ストラテジーは実用主義である．中国人は故郷の村を出て，世界中に散らばる過程で，非常に現実的になっている．自分が住むことになった新しい土地に適応するためには，旧来の風習にこだわ

っているわけにはいかないのである．伝統的な規範や儀式も，自分たちに不都合になり，お金がかかってくるようになるとたちまち廃れてしまう．たとえば，伝統的な結婚式はだいたい2日がかりで，儀式にもたくさんの人が出席した．しかし，それでは費用も時間もかかるので，最近の結婚式は気軽に出席できるパーティが用意され，スーツの着用も求められない．席も自由席でスピーチもない．これは伝統的な結婚式とは大きく異なり，欧米のそれともかなり違っている．中国人の結婚式は非常に形式にこだわらず，だれでも気軽に参加できるようになっている．また，お祝いも金製の装飾品やその他の贈り物をするのが伝統的だが，最近の中国人は現金を贈る．これは日本とも似ている点であるが，欧米とは大きく異なっている．通常，欧米では結婚式のお祝いとして現金を贈ることはないのである．

会社に対しても中国人は現実的な対応をする．香港のほとんどの小売店では売り子は歩合制で物を売る．たとえば，靴屋では靴1足売るといくら，ブティックでは売上1000香港ドルに対していくらかの決まったコミッションを経営者が店員の給与に計上する．基本給を少なくして，コミッションで店員の意欲を引き出し，仕事に励ませようとするのである．また，仕事のよくできる売り子は1つの店で長年仕事をするのではなく，報酬の多い店を見つけてかなり頻繁に仕事をかわる．小売店の店員だけではなく，どんな職業に就いていても，経営者や上司に対する義理や人情より，現実的な報酬を求めて転職するのは中国人社会では普通である．

起業家精神

第3番目の環境適応ストラテジーは自分を環境に合わせるように努めることではなく，社会環境を利用することである．未熟な経済を利用して，自分で事業を起こすことを考えた．現代の多くの中国人は故郷を出ている．新しい土地で強い成功願望をもつようになったと考えられる．このトップ

になりたいという願望，独自のものをもって，それで，身を立てていく願望は中国の長い歴史の中にも存在する．たとえば，中国では書道は美しく書けるようになることを目指すのはいうまでもないが，それ以上に自分の独自のスタイルを創り出すことを重視する．現在でも書道は特技ではなく，芸術である．絵画でも同様のことがいえる．これを現代に当てはめると，独自の物を創って，それで身を立てる，起業家になりたいという願望をもつようになることが理解できる．

　システムや経済が未熟な社会では自分で事業を起こすことが意外に易しくできる．自分で事業を起こし，そのトップになりたいという願望，起業家になる願望を中国人ならだれもがもっている．最初は大企業に勤務して資金を貯め，後に独立することを目指すことが多い．世界の長者番付に多くの中国系の名前が載っており，その多くは無一文から始めた人たちである．日本では大きな組織に入り，その中で偉くなることを望んでいる人が多いようだが，中国人は他人のためよりも自分と家族のために働くことを望んでいると考えられる．したがって，中国人は調和の精神とともにグループのリーダーになりたいという欲求をもっており，この2つの傾向にうまく折り合いをつけて生きているといえる．つまり，他者とのうまく調和した関係を結びながら，自分がリーダーになることを目指すのである．

　また，中国，香港，台湾の大企業には興味深い特徴がある．中国人社会の大企業は日本の旧財閥がしたように多岐にわたるビジネスを手懸けることはない．現在でも香港の実業界の巨頭，李嘉誠(リ・カーシン)のもつハッチソン・ワンパオ以外はだいたい1つの独自の分野で事業を行っていて，自分の業界以外のビジネスに手を出すことはない．これは独自性を追求しているからかもしれない．また，中国人は内集団の中核である家族以外は容易に信じようとはしないからかもしれないし，だれもが起業家になる夢をもっている中国人社会では実力のある人材を確保することが難しく，したがって，多

岐にわたってビジネスを行うことが容易にできないのかもしれない．

13.3 集団主義

　集団主義とは，自分の属する集団に深くコミットすることであるともいえる．中国社会ではとくに家族が中心または中核の内集団になる．中国人は喜んで家族の世話をしたり，家族の意見に従おうとする．また，必要であれば，喜んで犠牲になる．そして，他の村の人，家族以外の人，異なった方言を話す人などの外集団のメンバーを容易に信じようとはしない傾向がある．中国人の集団嗜好の特徴は自分にとって重要な集団（通常は家族）に対してのみ忠誠心をもっていることである．したがって，中国人の内集団は一般的にかなり小さいということになる．

　また，中国社会には，階級性が強いという特徴がある．社会的階層が明確であり，人々はそれぞれの階層にはっきりと分けられている．権威のある地位につけば，大きな家に住み，召し使いを使い，低い階層の人々には決して許されないような特権が与えられる．一方，地位の低い者は権威者に挑戦することは許されない．目上の者には従わなくてはいけないし，万一反対意見があるときには仲介者を通して，間接的にそれを伝えなくてはならないのである．

　さらに，中国社会は農業を生活の基盤としているので，人の間の調和に価値を置く．農業では多くの集団作業を必要とするため，人々が協力し合えるような人間関係をつくっておくことが重要である．また，定住しているということは，人々が長期的な人間関係の中で生活しなければならないことを意味する．そのような環境では，円滑な人間関係を保つことが重要視されるのは当然のことであろう．したがって，「百忍成金」など，さまざまなことわざによって表現されているように忍耐は美徳である．

また，人がまずいことをしたり困ったことをしても，寛大に受けとめようとする。たとえ意見が大きく異なったりしても，対立を鮮明にするのではなく，それを避けようとする。たとえば，香港では大部分の場所が禁煙になっているが，それを守らない人もいる。そのようなとき，喫煙している人に対して，周りの人々がそれに抗議することはあまりない。

　また，中国古来の詩や絵画には，自然と人間の調和がテーマになっているものが多い。中国庭園も日本庭園と同様に，人工の庭をできるだけ自然に近づけようとしている。漢方医学でも，体を自然の状態に保つことを重視している。細菌やウイルスを薬で排除しようとするものではなく，漢方は体の組織の免疫力を強めることを助けるものである。こうした考え方は明らかに西洋医学とは異なるものである。

　社会的関係でも，内集団を早く形成して，信頼関係をつくり出そうとする。そのため，初対面の人はお互いの共通点を確認しようとする。出身地や出身校を尋ね，もしそれらが同じであれば，共通の知人がいないかどうかなどを知ろうとする。こうして内集団を形成するのである。そして，一度内集団が形成されると，贈り物を交換したり，好意的に対応することによって，内集団のメンバーどうしの絆を深めようとする。このような社会的関係がさまざまの分野で広がり，多様な人間関係が形成されることになる。職場が一緒であれば，プライベートな時間も友達として付き合い，家族ぐるみで交際することもある。休みの日には子どもたちを一緒に遊ばせたり，夜のパーティーにも子ども同伴で一緒に楽しんだりする。こうしたことは，人間関係がより単純な欧米とはかなり異なっている。欧米では，夜のパーティーに夫婦で行くことはあっても，子どもを連れていくことはほとんど考えられないからである。以上のことがらはすべて，調和に価値を置いているためと考えられる。

　調和を重視するため，中国社会では，社会的慈善が中心的な価値として

存在している．困っている人は助けるということが一般的である．そして，助けてもらった人は以前助けてくれた人のことを忘れてはいけないことになっている．何年前でも，助けてもらったことは覚えておき，後でお返しをしなければならない．また，規則を強制することは好ましくないと考えられている．規則に違反しても，内集団であれば逃げ道をつくってやり，厳しい処分を避けるのが一般的である．

13.4 体面の重視

中国人社会でも体面は重要であり，社会行動に大きな影響力を与えている．体面とは周囲の人々に与える印象のことであり，どの文化でも人々は他者にどのように思われているかということに関心をもっているが，中国人社会ではとりわけ複雑で重要な概念である．

2つの体面

まず，中国人社会での体面が日本のそれと大きく違っているのは，中国文化には2つのタイプの体面があることである．1つは中国語で「臉(リヤン)」という．これは，正直で徳が高いという道徳的な面に比重を置き，思慮深く，何事にも慎重で入念な，落ち度のない性格を他人に印象づけたいとする社会的体面を意味する．社会的体面は日本にも存在するが，それには道徳的概念は含まれない．このタイプの体面がある人は，清廉潔白で道義的であり，正直で信用できるとみなされる．もう1つは中国語で「面子(ミエンツー)」と呼ばれる．これは物質的な体面である．こちらのタイプの体面がある人は社会的影響力のある実力者であり，裕福で大事な行事を取り仕切る力をもっているというイメージがある．

このように2つのタイプの体面はそれぞれかなり異なった社会的イメー

ジにかかわっている．たとえば，孔子のように徳が高くても，実際は貧乏であり権力はあまりもたない場合，道徳的体面は高いが，物質的体面はほとんどないということになる．別の例を挙げると，権力を握った政治家や莫大な財産をもつビジネスマンは，物質的体面は高いが，彼らの道徳的な行いは必ずしも正しいとは限らない．あまり正直ではなく，信用がおけないとみなされることが多いのである．したがって，彼らの道徳的な体面はあまり高いとはいえない．このように，これら2つのタイプの体面はそれぞれ別のものであって，必ずしも両立するものではなく，一方はあるがもう一方は欠けているということが起こりうる．

「臉（リヤン）」を高めるための方策

体面は，本来は自然に人の日常生活からにじみ出るはずである．しかし，中国人社会において体面はあまりにも重要であるため，これが高いと人為的にアピールするためのさまざまな方策が考え出される．たとえば，「臉（リヤン）」は人の道徳的体面を重視する社会的体面であるので，それが高いとアピールするためには他者に自分が徳の高い人間だと見られる必要がある．そのためには，第1に，人々の見ている公共の場で徳の高い行動を行うことが考えられる．たとえば，香港では，病院や老人ホームのための街頭募金を行うことがある．このとき，うまいやり方は，デート中のカップルに近づき，男性に寄付をもちかけると，女性の前で慈善活動に理解を示すところを見せたいので承諾する可能性が高いのである．逆にカップルの男性はもし募金に応じなければ，デート中の女性の前で自分の道徳的体面を失うことになるわけである．

第2の方策は機会を逃さずに自分の道徳性をアピールすることである．せっかく人に優しくしても，他の人が見ていなかったり，気づかない場合がある．そのようなときには，自分からそれを他者に伝えるのである．た

とえば，友人からある団体に寄付したことを聞かされたとき，その機会に自分も寄付したことを伝えることがある．自分の道徳行為について話題にすることは決して不自然なことではなく，自分の道徳イメージを伝えることもできる．したがって，中国人の行動の多くは周囲の人々に自分が道徳的な人間であることと，実際にそうした行動をとっているところを見せるための行動であると理解することもできるのである．

　道徳的体面を高めるための第3の方策は当然のことながら，人前で不道徳なことをしないようにし，同時に自分が道徳的な人間であることを率先して示すことである．たとえば，香港でよく行われる募金活動に「ミリオンズ・ウォーク」というのがある．これは複数の人に募金のスポンサーになってもらい，5キロくらい歩く募金活動である．実際に歩く人は募金をせず，スポンサーからお金を集める形となる．これにはよく政治家やビジネスマンが参加している．見えないスポンサーとしてではなく，ウォークに参加して歩いているのである．また，香港には年に3回くらい，知名度の高い政治家やビジネスマンが歌を歌ったり，特技を披露して視聴者から募金を集めるという面白いテレビ番組があるが，この番組にも政治家やビジネスマンが競って参加し，芸を披露する．このように率先して自分が道徳的で徳のある人間だということを示すことは中国人社会ではいやみではなく，むしろ歓迎されることである．

　さらに，中国人はよく不道徳なことがらには批判的な言動を公にする．不道徳な行動を行っている他の人に対して，それをやめるように促したり，道徳的行動を行うようにその人を説得することも考えられる．たとえば，中国の政治家の声明には健全なモラルを支持する表現がしばしば現れる．「これは正当な行為だ」，「これは正直な行為だ」などという言葉である．中国の政治家にとってはモラルの問題は非常に重要な中心的なことがらなのである．そして，中国人は政治家も含めて，だれもが自分が道徳的な人間

と見られることを望んでいる．これは中国人に非常に特有のことであるといえよう．

「面子(ミエンツー)」を高めるための方策

　物質的な体面である「面子」を高めることも中国社会では非常に重要である．物質的体面が高ければ，要人に近づくことができるし，良い職についたり，待遇もよくなったりするからである．権力と富をもっているとみなされることは，中国社会でとても重要なのである．したがって，物質的体面を高めるためにも多くの方策が考えられている．

　第1に，おおっぴらにたくさんのお金を使うことである．たとえば，ブランド品を買ったりする．これは日本人もやることだが，中国人のお金の使い方は徹底している．実にプラクティカルである．ブランド品，高級品を買うときは，ネクタイや時計，眼鏡などの見えるもの，しかも必ずロゴ入りを買う．逆に，スーツや靴下などにはそれほどお金をかけない．高級なスーツでもロゴが見えるところについているわけではないのでわかりにくいし，靴下は日本のように靴を脱いで上がる習慣がないので見えないからだ．しかも，セリーヌやロエベなどの一部の人だけが知っている高級品にお金を使うことはほとんどしない．高価であることがわかりにくいブランドでは物質的体面を高めることに役立たないのである．そのため，台湾，中国，香港へ行くと，限られた種類のブランド物が目につくことになる．また，中国人は家の装飾品や家具にはあまりお金をかけないが，車にはお金を使う傾向がある．家は招待しない限りわからないが，車はいつでも見せることができるからである．

　第2の方策は会員制の社交クラブへ招待したり，高級レストランで食事をしたりすることである．その目的はもちろん，そういう高級なところへも行けるのだと印象づけることである．特別なメニューのために散財する

ことも厭わないということを印象づけようとする．最近香港では赤ワインがブームになっており，1000米ドル（約12万円）もするワインを飲もうという人がたくさんいる．そんな高級ワインを常飲していると友人に言えることが大事なわけである．これは自分が高い地位や権力とつながっていることを印象づけるためにも役立つのである．

第3に，高価な贈答品を贈るという策もある．日本の習慣と異なるところは会社の上役や官公庁の人間が自分より地位の低い者に贈り物をすることである．これは，上司は権力も強く，より裕福なはずなので，上司が贈り物をすべきだという考えに基づいている．ビジネスでは買い手のほうが優越した立場であるが，売り手に対して体面を保つために，買い手側が低い立場にある売り手側を招待するということが起こる．これらは諸外国にはない非常に珍しい現象であり，一見，つじつまが合わないようであるが，体面の維持という観点からは理解できる．商品を購入する財力があるということは，買い手の物質的体面が高いということになる．したがって，それを態度で表すために，買い手が売り手を食事に招待したり，高価な贈り物を届けたりするのである．同じように上司も，部下に物質的体面が高いことを示すために贈り物をしたりするのである．これはある意味で道理にかなっている．権力や富のあるものが，それほどでもない者の世話をすることになるからである．このような現象は相手との長期的な関係を前提にしているといえよう．

第4に，道徳的体面「臉(リャン)」の場合と同様に，自分から物質的な体面を積極的に他者にアピールする方策がある．権力や富を握っていることが人に明らかでないとき，機会を見て，業績や富，権力や地位を誇示する必要が出てくる．失敗談や成功秘話を打ち明けるのである．そのとき，自慢していることが相手に悟られないように，細心の注意を払う必要がある．権力や富のイメージを謙虚に伝えるのである．最後に，他者にアピールすると

きに，自分の権力や富を誇張する策もある．たとえば，3～4年前に，香港のテレビコマーシャルで，地元のビジネスマンが欧米のビジネスマンを出し抜いてしまうというものがあった．香港のビジネスマンが商談を自分に有利にして，結果としてかなりのお金もうけをするというものである．これは，香港人の物質的体面を高めるものであり，香港では非常に評判のよいものであった．

体面の互恵規範

これまで見てきたように体面は中国人にとって非常に重要なものである．したがって，中国人は自分の体面を維持すると同時に，他人の体面をつぶしたりしないように細心の注意を払う．その場では自分の体面が上がっても，将来相手からしっぺ返しがあったり，自分の体面がつぶれそうになったときに助けてもらえなくなったりするからである．他人の体面をつぶさないようにするために，互恵規範が存在する．すなわち，相手の体面を守ったり高めたりすれば，将来同じことをしてもらえることが期待できるからである．自分で自慢話をすると不自然であるが，だれか他の人に誉めてもらうのは非常に好ましいことである．この互恵規範をうまく使えば，お互いに相手を誉めあって，体面が高まるだけではなく，威張っているようには見えないわけである．

他者の体面を保持したり，高めたりする方策もいくつか存在する．たとえば，何人かの知り合いとコーヒーを飲みながら話しているとき，その中の1人がコーヒーをこぼしたとする．そのとき，その人は世間体が悪く，体面がつぶれることになる．このようなときに，その人の体面を守る手段はいくつかある．第1に，それを無視し，気づかないふりをすることである．その場にいた人は何事も起こらなかったふりをして，無視することによって，その人の体面を守ることができるのである．第2に，体面をつぶ

す出来事に他者が気づかないように，より積極的に注意をそらせる方法がある．コーヒーをこぼした場合，突然論議になるようなことを持ち出し，皆で討論を始めてしまう．そうすれば，コーヒーをこぼした人がいることなど忘れられてしまうことになるであろう．こうした策は面子がつぶれてしまうようなことが起こったときにしばしば用いられる．第3に，もっと行動的で，熟練を要する方策がある．コーヒーの例でいえば，次のように会話を進めるのである．「コーヒーはこぼしてしまったが，気にかけることはない．あなたはお金持ちなのだから，スーツを新調すればよい」．このように言うことで，その人が裕福であることがわかり，本当は恥ずかしい状況がかえってプラスに働くようになる．こうした発言のおかげで，周囲の人はこぼしたコーヒーのことから，この人がとてもお金持ちで，スーツを汚したことなど大したことではないのだということの方に注意を向けられることになる．この「良いほうに解釈してしまう」方策は非常に有効である．第4の方策は相手のために言い訳をしてあげることである．コーヒーの例では「カップが滑りやすいから」とか，「わたしも昨日やってしまった」とか，「1時間に2度も続けてやった人がいる」などと言ってあげることにより，この出来事の重大性を低めることができる．こうした方策を組み合わせて実行することによって，より効果的に相手の体面を保つことができるのである．

以上は相手の社会的体面「臉（リャン）」を守ってあげる方策であり，第3に挙げた方策は相手の物質的体面「面子（ミエンツー）」を持ち上げながら，社会的体面がつぶれないようにしてあげるという実に中国人らしい如才ない策である．

道徳的本質の見分け方

中国人は体面を維持するためにさまざまな方策を利用する．したがって，他者の本当の姿を知ることは難しい．徳が高く，信頼がおけて優しく親切

そうな人がいたとしても，それが自然に備わったものなのか，それとも，見かけだけうまくつくられたものなのかはわからない．そこで，その人が本当に道徳的な人であるのか，それともうまく装っているだけなのかを判断するための観察法が考えられている．中国社会では，相手の道徳的体面を見通すことは非常に重要な技術であるとみなされている．第1に，人の言葉がそのまま本音を表しているとはみなさない．確かに人はさまざまなことを口にするものである．あなたを支持するとか，道徳的なことを言ったり，不正な行動を非難したりする．しかし，これが本音かどうかは容易にはわからないものである．したがって，西欧では言行が一致するのが当たり前だとみなされているが，中国人はいつも耳にする言葉が真実ではないかもしれないということを念頭に置いておく．そして，細心の注意を払って，相手を観察する．言葉よりも，行動のほうを重視するのである．道徳的なことを口にする人は多いが，本当にそれを実行しているかどうかを知るまでは，本音かどうかは確認できない．「聴其言，観其行」（その人の言葉を聞き，その人の行いを見よう）という孔子の教えにあるように，言行一致かどうかを確認するのである．したがって，中国人は人の言うことと行うことの不一致を見破るのが上手である．

　第2の方法は忍耐強く時を待つことである．いくら道徳的なイメージをつくり上げていても，本当にそうでなければ，いつかはそれが明らかになる．そこで，時間をかけて，相手を観察することになる．そうすれば，いつかは必ずその人の本性を表す行動を起こすはずである．そのため，中国では忍耐強くなることを教えられる．ゆっくりと時間をかけて相手の性格を見るため，親友になるには非常に時間がかかる．相手が信頼のおける正直で親切な人であることが確認できたうえで友人になる．

　第3に，困難な立場にあるときどのような行動をとるかを観察する方法もある．中国には「長旅は馬の力を証明する」という諺がある．困難なと

きにその人が自分の信条と一貫した行動をとるか，それとも泥棒や嘘つきになってしまうかがわかるという意味である．中国史上，相手をわざと難しい立場に陥れ，その出方を見るという事例が多くあった．相手をそのような事態に追い込み，その人物が誠実で信頼のおける行動をとるか，それとも嘘つきになるかを観察したのである．

　第4の方法は逆に相手を都合のよい状況に置いて，どう行動するかを見る．責任のある仕事を任せたり，報酬をたくさん与えたりして，その人物がどのような行動をとるかを観察するのである．困難な状況では人はがんばって逆境に立ち向かおうとするが，裕福になり，権力を握ってしまうと多くの人はその権力を濫用したり，富の誘惑に負けてしまう．権力のある地位にいる者ほど本性が現れやすいのである．

　第5には，経済的に恵まれない人物をどのように扱うかを観察する方法である．中国では目下で力のない人間，貧乏な人を助けても何の得にもならないことであるとされているからである．道徳的人物は困っている人を必ず助けることが期待されている．だれか助けが必要な人を目の前にしたとき，その人の本性がさらけ出されることになる．また，その人物の友人や家族を観る方法もある．中国人の多くは「類は友を呼ぶ」と考える．本人を観察する代わりに，その人の友人を観察し，誠実かどうか，良い人かどうかを観る．もし，そうであれば，本人も良い人であろうと判断するのである．最後の方法はみんなの意見を聞くことである．自分の判断が正しいかどうかをいろいろな人に尋ねるのである．道徳的な人物かどうかを判断するために，以上のようなかなり高度な観察法が組み合わせて用いられている．

13.5　ま と め

　これまで述べたように，中国人は異郷の地に移り住む過程で，新しい環境へ素早く自分を適応させるため，融通性をもって考えたり行動したりする策を身につけた．そのため，多くの中国人は長期計画を重視せず，物事に臨機応変に対処する．中国人は状況分析力があり，問題点をすぐ探し当て，解決するのに長けている．また，何事にも実用的に対応するストラテジーも身につけた．自分たちに不都合な伝統的な規範や儀式は簡素化したり，排除したりした．会社で働くときは，会社に無条件の忠誠を誓うのではなく，その会社がどれだけの報酬をくれるかで現実的な対応をする．さらに，自分を環境へ適応させるだけではなく，社会環境をうまく利用して，事業を起こす願望ももっている．これは第1に，多くの中国人はグループのリーダーになりたいと思っていることと，第2に，大きい組織や他人のために働くよりも，自分と家族のために働くことを望んでいるからだと考えられる．

　中国人のもう1つの社会的行動の特徴は自分の属する集団に深くコミットしていることだ．自分のことより，自分の属するグループのことを先に考える．しかも，中国人の集団主義の特徴はその中核である内集団が日本人のそれよりずっと小さいことにある．中国人にとって環境やそれに伴った集団は絶えず変化するものである．そのため，不変的で自分にとって重要な中核集団である家族に対してのみ忠誠心をもっている．社会的関係では，集団を早く形成して，信頼関係を早くつくり出そうとする．集団内では，人と人との調和を重んじ，もし，意見が違っていたとしても，対立を鮮明にはせず，それを避けようとする．

　集団主義の結果から生まれたものに体面を重視するという特徴がある．

体面とは，自分が周囲の人々に与える印象であり，中国人社会では物質的体面の「面子(ミエンツー)」と，道徳的で思慮深く，慎重で，落ち度のない性格であると見られたいとする社会的体面である「臉(リャン)」の2つの異なった体面が存在する．体面は，本来は人々の生活の中から自然ににじみ出るはずのものであるが，中国人社会では体面があまりにも重要であるため，人々はこれを保つために大きなエネルギーを費やしている．道徳的，物質的体面を人為的に高いと見せかけるために，さまざまな方策を駆使しているのである．そのため，人がうわべを繕っていても，その人の本質を知るためのさまざまな観察法も考えられているのである．

参考文献

Bond, M. H. (Ed.) (1996). *The Handbook of Chinese Psychology*. NY: Oxford University Press.

14

韓国人の社会的行動
恨と我々意識

金　義哲（Kim, Uichol）
山口　勧　訳*

はじめに

　恨は，情とともに韓国人を理解するために非常に重要な概念である．これは，韓国固有の概念であり，儒教，シャーマニズム，仏教などに影響を受けていると思われる．本章の前半では，恨とは何か，そして韓国人はこの概念についてどう思っているのかについて考えることにする．
　また後半では，人がどのようにして自己同一性や集団的同一性を獲得するかについて考える．次に，それが文化差としてどのように現れてくるかを，とくに集団的同一性に焦点を当てて考察する．ここで，自己同一性とは，自分が何者かということである．人は，自分がどのような性格をしており，どのような能力があるかなどについての自己認識をもっている．また，集団的同一性とは，自分たちが何者であるかということである．集団の場合も，自分たちがどのような特性をもち，全体としてどのような能力をもっているかについての認識をもっている．たとえば，日本人の特性はどうであるとか，日本人にはどのような能力があるとか，といった認知である．そして，集団的同一性には，その集団への所属感，一体感，信頼な

---

*　著者の了解のもと，訳者が適宜補足を行った．

ども含まれる．

14.1 恨の概念

恨(ハン)の概念は，もともと非常にネガティブなものである．人は悲劇的な出来事を体験し，これらの出来事によって傷つくことがある．恨の概念は，人が経験する嘆きの形，悲しみの形なのである．伝統的な韓国の文化では，傷ついた人であっても，復讐をしたり他人に対して直接怒りを表出することは，社会的調和を乱すため許されていない．善し悪しにかかわらず，人は運命を甘受しなくてはならないとされているのである．たとえば，恨を経験している人というのは，意に反する運命を体験しているのだが，その運命を甘受して，怒り，フラストレーション，復讐などの生の感情を社会的に受容される感情へと変形しなくてはならない．人は，このネガティブな感情を含め，意に沿わない体験を社会的に受容される感情に変形しなければならないのである．そして，いったん社会的に受容されるポジティブなものに変形されれば，仏教あるいはシャーマニズムにおける儀式の中で，苦悩を表出し，それだけでなく，苦悩を祝賀することも許されるのである．そこでは，他人もその苦悩に共感し，その人の苦悩を分かち合うことができる．したがって，恨の特徴は，意に沿わない出来事を非常にポジティブな文化的な祝賀に変形してしまうところにある．

14.2 恨の語源

恨という言葉は，もともと「怨恨」として使われていた．これは，怨と恨からなる複合語である．日本では，そのまま「怨恨」という複合語として使われているのであるが，韓国では，ある時期から恨と怨とが分離して

使われるようになった.恨という言葉は,「心 (shim)」と「艮 (eun)」という2つの部分からなっている.「心」はもちろん「こころ」を意味するのだが,「艮」のほうは,漢学者によれば,「ご飯がいっぱい入った茶碗」という意味であるという.したがって,恨は「感情で満たされた心」と訳すことができるが,韓国ではとくに,恨は怨と切り離され,「悲しみと嘆きで満たされた心」という意味になる*.

　社会科学者であり,韓国文学の専門家でもあるキム・ヨンウン (Kim Yongwon) は,韓国民は非常に寛大であり,他人を許し,恨により自分たちの運命を甘受することができる民族であると指摘している (Kim, 1989).リー・キューテ (Lee Kyutae) は,精神構造,歴史的出来事,伝承文学や伝統を調べ,「恨とは,心の中に傷ついた感情が引っかかっている精神状態である」としている (Lee, 1991).つらい気持ちは表出できないために鬱積してしまうが,心の中で凝固し,恨の源泉となる.そして,この恨を社会的に受容できる形で,人々は表現するのである.つらい気持ちを放出するシャーマニズムや仏教の儀式が存在することをリーは指摘している.

14.3　恨のエピソード(1)

　700年ほど前に書かれた『三国遺事』のなかにある伝説で,チェ・ヨン (Ch'oe Yong) という男性が主人公であるものがある.彼の妻は悪魔にさらわれてしまう.彼は無力で妻をさらった悪魔と戦うことはできず,悲しみ,怒り,復讐の思いに打ちのめされていた.しかし自分が無力なので,自分の悲劇的な運命を甘受するほかないことを知っていた.このため,彼の笑いの中には怒りが宿り,状況を転換し,受容するため,彼は歌や踊りによってこの悲劇的状況や悪魔から自分を分離させた.彼は歌ったり踊ったりしながら,妻が無事に戻るのを待っていた.彼の涙の中には,恨の感

---

*　〔訳注〕艮は,「ナイフを突き刺して,目のふちに入れ墨をし,いつまでも痕を残すこと」.恨は,「じっと心中にきずあとを残し,根に持つこと」(藤堂明保編『大漢和辞典』学習研究社).

情がこめられていた．

　このエピソードには，状況を転換しようとする矛盾した，普通は見られない側面が存在する．彼は悪魔と戦うことができず，その代わりに歌ったり，踊ったりした．そうすることにより，自分の苦悩を解放し，彼は自分の苦悩を他者に伝えたのである．

　このエピソードでは，チェ・ヨンが自分の苦境を認識したことにより，恨が展開した．妻が悪魔にさらわれるという悲劇的出来事が発生した段階で，彼は，怒り，憎悪，復讐の念を抱く．これが，恨の第1段階である．そして，彼は無力であるために，運命を甘受しなくてはならない．これが恨の原点なのである．彼は，人生において自分は無力な存在に過ぎないという事実を甘受しなければならなかった．これは伝統的な韓国文化の1つの特徴である．社会が人にそう求めているのである．そこで，彼は運命を甘受しなければならなかったというのが第2段階である．しかし，個人のレベルでは，彼は運命を甘受することを拒否する．彼は自分の運命に疑問を呈する．「なぜ自分がこの悲劇的な運命を甘受しなければならないのか」と．これが恨の第3段階である．やがて彼は，苦悩を解放し，歌や踊りを通して苦悩を伝えることができるが，これが苦悩の解放，すなわち恨の解放である．韓国では，苦悩を体験した人は，仏教やシャーマニズムの儀式の中で，感情を表出することを許されている．そして，苦悩を解放しながら，感情を他人に伝えるのである．人は，この解放により，恍惚や喜びを感じる．そして，人は自分の運命を甘受し，楽観的になれるのである．

14.4　恨のエピソード(2)

　次は，民俗芸能の西便制の物語である．この物語は映画化されて，韓国史上初めて観客動員数100万人を超えた大ヒットとなり，日本でもNHK

を通じて放映されている．この物語は，パンソリ（pansori）という韓国の伝統的な歌の形態を通じて，恨の展開と祝賀を語ったものである．パンソリには2種類あり，1つは西便制という女性的な嘆きや，悲しみを歌った繊細な歌のタイプで，もう1つは東便制といわれる力強く，ダイナミックな男性的な歌である．このうち，西便制というパンソリは，恨を歌で表現している．

物語には，まず誕生パーティーなどの祝賀の席で歌うことを生業としている男が登場する．この男は，歌って諸国を旅するために，特殊な恨の歌い方を誰かに教えたいと考えた．そして，彼は2人の孤児を養子にすることにした．1人はソンファ（Songhua）という女の子で，もう1人はドンホー（Tongho）という男の子であった．彼らはいろいろな場所で歌を歌いながら，国中を旅した．伝統的な韓国の文化では，儒教が大切にされ，社会階級が厳密に守られていた．そこでは，芸人は社会階級の最下層に位置するため，非常に惨めで貧しい生活を強いられていた．物語は，この男が2人の子どもを養子に迎えに行くところから始まっている．

社会の最下層に生きている彼らは，厳しい差別を受けるのであるが，パンソリを歌って認められ，高い評価を受ければ，社会的差別から逃れることができた．そこで男は，繊細で女性らしく，嘆きに満ちた恨の歌い方を養女に教えようとした．しかし，彼の努力にもかかわらず，彼女の声では嘆きの思いを表現することができなかった．そのため，娘は恨を歌うのに十分な苦悩を経験していないので，いくら厳しく教えても娘の才能が伸びることはないと父親は考えた．そこで，最後の手段として，彼は娘の視力を奪い，苦悩を体験させることを決意した．彼は，漢方薬を調合し，何も知らない娘に飲ませた．彼女は，徐々に視力を失い，ついには盲目となってしまった．娘は，恨を歌わせるために父親が故意に自分を盲目にしたことを知り，怒って彼のもとを去った．

いまや盲目となった娘は地方をさまよい，惨めな生活を送った．彼女は儀式などの集まりで歌を歌い，糊口をしのいでいた．しかし，だれも彼女の苦悩や惨めさを理解してくれるものはおらず，苦悩を解放し，苦悩を伝えるための唯一の方法は，パンソリを歌うことであった．彼女は努力を重ねたが，恨の心で歌うことはできなかった．彼女はさらに地方を旅し，あるとき，弟に会った．弟も養父のもとを離れていたのである．彼はさまざまな行事で鼓をたたいて生活を立てていた．2人は朝まで一緒にいた．話をする必要はなく，互いを理解することができた．彼らは，ともに演奏した．弟が鼓をたたき，姉が歌った．そして，このとき彼女の歌は恨にあふれ，弟に歌を通して苦悩や悲しみを伝えることができるようになったのである．彼女は弟と心を通わせ，鼓と歌を通して，悲しみに打ちひしがれた現実を超越し，恍惚と親しい交わりを経験した．

14.5 恨の段階

恨のエピソードには，表14-1に示したように，対処しなければならない5つの段階と3つの側面がある．

反応段階

悲劇的出来事や状況を経験する．たとえば，何かを奪われること，幸福になることを許されないこと，不正，搾取，あるいは親族の突然の死などの悲劇的出来事，破産，体に障害を受けることなどである．このようなとき，人は怒り，復讐，敵意，義憤といった感情を抱くことになる．しかし，社会は，その人に対して自分の置かれた状況を甘受するように強制する．その人は，怒りを発散したり，復讐を行ったりすることは許されないのである．また，仮に許されたとしても，事故で亡くなった親族の命を取り戻

表 14-1　恨の段階

	反応段階	内在化段階	変形段階	内省的段階	超越的段階
認　知	悲劇的出来事または状況	強制的服従	悲劇の受容	運命への抵抗	分　離
感　情	生の感情	生の感情の抑圧	感情的変形	感情の放出	感情の落ち着き
社会的反応	社会的圧力	社会的隔たり	社会的許容	社会的受容	文化的賛美

すことはできない．そこで，人は運命を甘受し，運命とともに生きるほかはない．とくに，韓国の文化は復讐することを許さず，社会的調和に重点を置くため，集団主義的で善良な人間は自分の運命を甘受し，感情をコントロールしなければならないのである．

内在化段階

この段階で，人は悲劇的運命を受容しなければならない．そのとき，人は見かけは従順であっても，内面では抵抗している．生の感情を抑圧しなければならないために，フラストレーションが蓄積し，抑圧，苦悩，悲嘆，自責の念を感じる．しかし，この段階にとどまることは許されないため，人は生の感情を社会的に容認される形に変形する必要がある．

変形段階

この段階で，人は自分の運命を甘受し，悲劇を受容して，他人や自分の置かれた状況を責めたり，自分の無能さを責めたりはしなくなる．彼らは，運命論者になって，運命を受容し，虚無主義者となる．そして，自分と自分の人生に対して非常に悲観的になり，復讐や怒りという感情は変形されて，怒りは苦悩となり，復讐の念は苦痛となり，同時に無力感，絶望感を

抱く．この段階で，社会は苦悩している人，運命を受容している人に対し，思いやりを示す．社会はこの段階にいる個人に同情して，慰めや哀れみの念を抱く．

内省的段階

この段階で，人は運命を甘受し，かつ抵抗する．運命を甘受しなくてはならないことはわかっているのだが，「なぜ，このような苦悩を受容しなくてはならないのか．なぜ，自分なのか」という疑問をもつのである．そして，人は反抗すると同時に楽観的になる．それから，自分にはこの運命は甘受できない，あるいは，自分は運命を変えることができるのではないか，と考える．そこで，初めの感情は癒される．シャーマニズムや仏教の儀式を通じ，悲しみは高揚感や喜びとなり，悲哀は幸福へと変形される．この段階では，シャーマニズムや仏教の儀式を通じ，悲しみや悲哀の感情を解放することが許される．これは，人々が集まって，一緒に悲しみなどの感情を放出するので，「集団的恍惚」と呼ばれる．社会はこのような感情の表出を許容し，共感するのである．

超越的段階

この段階で人は，現実を超越する．悲しみは高揚に変形され，感情的に安定する．自分を現実から分離し，落ち着いて平穏な状態になる．この段階の社会的反応は，祝賀，尊敬，敬意といった文化的賛美となる．

14.6 恨についての調査

韓国の大学生92人に恨および関連する概念についての質問を行った．この調査では，最初に，回答者に自分の知っている人で恨に満ちている人

を思い浮かべて，その人の似顔絵を紙に描くように求めた．それから，さまざまな質問をした．87％の者は，恨と怨の区別をしていた．怨からは憎悪，復讐，怒り，悪意や抵抗を連想するが，恨からは苦痛，苦悩，自責，悲しみなどを連想すると回答したのである．恨と怨はどちらが先に起こると思うかを尋ねたところ，83％の者が，怨が先に起こり，かなり時間が経ってから恨が起こると回答した．全体的に，怨は復讐とかかわっており，恨は自責の念と一緒になった欲求不満の状態とみなされていた．

　恨の起こりやすい状況について尋ねたところ，圧倒的に多数の者は，貧困，家族の死，運命的な状況など，自分のコントロールできない悲劇的経験をしたときと回答した．そして，2番目に多かった回答は，ひどく弾圧されたり，裏切られたり，外圧で自分の意志を明らかにできないなど，不公正な扱いを受けたときというものであった．

　また，恨に満ちた人がどのような人であるかを尋ねたところ，91％の者が，それは女性であると回答した．そして，貧しい人々，肉親に死別した人，無教養の人，家庭内に不和のある人などが恨を抱きやすいと回答した．恨の心理的な特性としては，苦い思い，苦悩，不公正に扱われたという感情，悔恨，抑圧，悲しみ，諦めなどが挙げられた．また，恨を経験している人の感情として，最も頻繁に指摘されたのは，孤独，後悔，どうでもいいという態度，あきらめ，気分の動揺，情にあふれる，などというものであった．恨にあふれる人の性格としては，謙遜した，情にあふれた，やさしい，内向的，忍耐強い，意志が強い，正直などが挙げられていた．

　以上の結果から，回答者の恨に関する理解は，恨エピソードで描かれているものと一致していることがわかる．回答者は，恨の生起する状況，行動，事態，感情，ダイナミックス，性格など，恨にまつわるさまざまなことがらを理解することができるのである．

14.7 2つのタイプの自己

　自己は，文化的な文脈で他者とのかかわりの中で発達する．したがって，人が両親によってどのように社会化され，他者との関係をどのように発達させるかを理解する必要がある．人は，まず自分が何者であるかということを他者との比較によって理解する．自分が友好的か非友好的か，内向的か外向的か，頭が良いか悪いか，強いか弱いか，などという問いに対する答えは，すべて自分を誰と比較するかによって決まる．人は自分に近く，似通っている者と比較し，非常に違っている者とは比較しない．たとえば，小学1年生は自分の算数の能力を同級生と比較するだろうが，数学の天才とは比較しない．つまり，自分が誰と違っているかを知ることによって，自分が何者であるかを理解する．第2に，人は自己が他者と異なっている者であるという感覚を獲得する．ほとんどの正常な者は，自分と他人とを混同することはないのである．

　このようにして発達してくる自己のタイプは，文化によって異なってくる．アメリカ，イギリス，カナダ，オーストラリアなどの個人主義的社会では，自分意識，自律性，他者からの感情的な独立性などが重視される．このような社会では，また個人の自立性，プライバシーを守る権利を尊重し，個人が快楽を追求したり，したいことをすることが許容されている．また，独立性を保つために経済的な安定が重視され，興味や欲求に基づく特定の友人関係を築く．個人主義社会では，安定した友人関係を形成することが重要なので，友人間の関係は個別的であり，すべての人と同じような関係を築くのではなく，特定の人と仲良くすることになる．したがって，同じ集団に所属しているということだけが重要なわけではないので，集団の枠を超えた人権，民主主義，世界平和，安全保障などの普遍主義的態度

をとることになる．

　これとは対照的に，韓国，日本，中国のような集団主義的社会では，「我々(ウリ)」，あるいは集団同一性に重点が置かれる．そして，集団の中の個人は，「母親」，「父親」，「教師」，「息子」などの役割によって定義される義務や義理を守るように教育される．また，感情的依存性を育み，内集団のメンバーとの連帯を深め，集団のメンバーがお互いに良い関係を保つように，集団の団結や調和に重点を置く．そして，物質的なものを共有し，感情的な相互作用を重視する．すなわち，集団は個人に対して感情的な安心感および所属感を与えるのである．このように，文化により自己の種類，つまり「私」の種類，が異なっている．

14.8　自己の発達

　伝統的に儒教の影響を受けてきた韓国，日本，中国では，集団主義的文化の中で，「拡大された自己」あるいは「関連した自己」が強調される．一方，個人主義的な社会では，「分離した自律的な自己」が望ましいとされる．たとえば，アメリカでは個人主義を重視するために，親は子どもが独立するように育て，教育するが，韓国，日本，中国などの儒教文化では，人と人との関係が重視されるため，依存は否定的なものとはみなされない．人と人とが依存しあっているのは当然のことであり，むしろ望ましいこととみなされる．

　児童期において，アメリカでは分離した自己が重視され，母親も自分が子どもとは分離した者だという自己同一性を維持する．そして，母親は子どもが独立するように教育する．ただし，もちろん食べ物や衣服などに関しては，子どもは母親の助けを必要とするので，物理的依存は許容され，母親は子どもとの心理的絆を築くことになる．一方，東アジアでは，関連

した自己が重要とされる．母親は別の人間としては振る舞わず，心を開いて子どもの見方を理解しようとする．衣食などの物理的依存はもちろんのことであり，心理的な絆の発展が重要視される．韓国では情あるいは愛情，日本では「甘え」と呼ばれている．子どものわがままを通じ，子どもが発するさまざまな要求を受け入れ，満たすことにより，心理的絆は強まる．そして，子どもの物理的欲求および心理的欲求を満たすのが母親の役割であることから，母親への強い絆が生まれる．

青年期において，アメリカの青年は，物理的に独立することが求められる．彼らは，独立した部屋をもち，自分の服は自分で着替え，皿を洗ったり，料理をするなどして，独立した生活をするための基本的な能力を身につける．学校では，自分が望む職業に合ったコースを選択する．そして，自分なりの友人関係を築き，異性との交際を始める．心理的絆は青年期にも発達するが，物理的依存は弱まる．子どもは独立して行動できるようになれば，自由を手にすることができる．しかし，依存している限り完全な自由を手にすることはできない．アメリカで分離した自己を発達させるためには，自律性をもった個人として機能することが求められる．

一方，東アジアの社会では，青年期になっても多くの子どもは母親に依存している．入学試験が厳しく困難であることから，子どもは母親に依存するということが考えられる．母親は子どものために料理をし，服を買い与え，あたかも幼児に対するように世話をする．こうした状況では，子どもは満足感，愛情，欲しい物などは母親によって与えられるものであることを悟り，母親との緊密な心理的絆を維持しなければならないと思うようになる．関連した自己では，母親が子どもの見方を受け入れ，子どもの一部が母親に取り込まれるだけでなく，青年も母親の見方を受け入れ，自分の一部として母親を取り込み，受容する．東アジア文化では，青年期においてもある程度の依存が許容され，助長されてもいる．この依存心を利用

して関連性を発展させ，その関連性を利用して，集団的同一性を発達させる役割を母親が果たしていると考えられる．

　ほとんどの発達理論では，成熟した大人になるためには，分離や個性化が必要であると主張されている．ピアジェやフロイトの理論，およびアメリカの心理学理論では，個性化と分離を重視している．一方，東アジアの理論では，自分を拡大させて他者の一部を取り込んでしまうという全く異なる考え方が指摘されている．初めの段階では，母親の一部が子どもの一部となり，子どもの一部が母親の一部となる．このように，東アジアでは，他者の立場で考えられるようになることを成熟と考える．他者の一部が自分の一部となるのである．このような自己の拡大によって，人間関係が発展する．子どもの成長に従い，子どもが他者との関係を築けるようにさせるのは母親の役割と考えられている．そして，母と子の二者関係が拡大されて，三者間の関係になる．たとえば，母親は子どもが父親を尊敬し，父親を愛するように，父親と子どもとの仲介的役割を果たす．典型的な社会化においては，「厳格な父親とやさしい母親」が存在したのである．そして，父親だけでなく，他の子どもとの三者関係においても，母親が仲介的な役割を果たす．家族は子どもが最初に出会う内集団であり，与えられた立場により役割が分担される．そして，それぞれの立場によって上下関係が決定される．東アジアでは，家族は内集団の原型といえるのである．

　人は家族の外でも自己を拡大していく必要がある．学校では教師や級友との関係を深め，会社でも同僚，上司，部下との関係の中で，自己を拡大する．このように，東アジアでは，自律的な自己の発達は重視せず，独立した合理的な自己の発達は求められない．東アジアでは，他者と多くの時間を過ごし，お互いの理解を深め合うのである．つまり，個人は自分の意志，欲求などを拡大させ，他者を理解し，他者と特別でユニークな関係を築く必要がある．そして，このような自己拡大を利用して，お互いの感情

を伝え，理解し，共有するのである．したがって，東アジアでは，欧米と全く異なるタイプの自己が発達する．そこでは，成熟とは自己を拡大して他者を取り入れ，他者の考え方や要求，意志を理解することである．

14.9 「我々」についての韓国とカナダの国際比較

このように自己を拡大していくと，他者との関係性の中で発達する集団の一員としての自己が非常に重要になってくる．チェら (Choi, Kim, & Choi, 1993) は集団的同一性について，韓国とカナダで自由回答式の調査を行った．回答者は，ソウルの60名の大学生と，カナダのエドモントンの大学生43名である．最初の質問では，「我々 (we groups)」というとどのような集団を思い浮かべるかを尋ねた．すると，両国とも約4分の1の学生が「家族」と回答し，「級友」，「友人」，「趣味集団」がそれに続いていた．この結果から，韓国とカナダの学生の考える内集団は，非常に似ていることがわかる．しかし次に，「我々」という言葉は単なる個人の集合以上にどのようなことを意味しているか，と尋ねると，回答のパターンは異なっていた．韓国では，「我々（ウリ）」という言葉は，「愛情」「情」あるいは「親密さ」と回答した学生が多いのに対し，カナダでは多くの学生が we を「個人の集団」と回答したのである．つまり，韓国でもカナダでも内集団は同じようなものであるが，内集団とのかかわりは全く違っていたのである．

次に，「あなたの所属する内集団は，あなたの独立した個性を矮小化するか」と尋ねた．内集団に所属しているために個人の個性が制限を受けるか，と尋ねたわけである．すると，韓国では，「いいえ」と回答した者はいなかったのに対し，カナダでは42%の者が「いいえ」と回答していた．

さらに，「ある人物が内集団の新しいメンバーになったとき，その人に対する見方が変わりますか？」と尋ねたところ，韓国の学生は「近さや親密

さが増す」,「協調して,受け入れようとする」,「より好ましい関係になると信じる」などと回答している．カナダでも同様の回答が多いのだが,10％の者は,「その人は独立した個人のままだろう」と回答している．このように,韓国の学生は,内集団の発達や内集団の受容に際し,感情的な親密性を感じている．一方,カナダの学生は,集団は興味を同じくする個人が自由意志で形成したものであるため,類似性が強調されるだけなのである．また,「社会的関係を認識,確立,維持するために内集団の絆は不可欠または必要ですか」という質問に,韓国では4％の学生しか不必要であると回答していなかったのに対し,カナダでは29％もの学生が不必要であると回答していた．

以上の結果から,興味深い対照的なパターンを読みとることができる．すなわち,カナダの学生は,集団は共通の興味でつながった個人の集合に過ぎないと回答する傾向があった．カナダでは,集団が彼らの興味を満たしている限り,また彼らが共通の興味をもっている限り,彼らは集団の中で任務を果たしながら,集団に所属しつづける．一方,韓国では,集団は永く続くものであり,親密で好意的な絆を深め,集団の中では個性が矮小化,制限されるものである．そして,同時に,自己の発達や自己実現を助けてくれる存在としても知覚されているのである．韓国では,内集団は感情や親密さでつながった家族のようなものであると考えられる．このため,個人に対する行動も異なり,内集団のメンバーに対しては,家族の一員になったように感じ,親密な保護の手を差し伸べるのである．

14.10 「我々」概念の韓国と日本との比較

儒教と仏教の影響を受けている韓国と日本は,ともに集団主義的である．それでは,集団に対して,韓国人と日本人は同じような態度や価値をもっ

ているのであろうか．チェラ（Choi, Kim, & Yamaguchi, 1995）は，「我々」という概念に関して，韓国人と日本人がどのように考えているかを調べている．197名の韓国人大学生と195名の日本人大学生が回答者であった．

まず，主要な内集団がどれかという質問には，韓国でも日本でも同じような回答が得られた．「家族」が最も一般的で，「友人」，「親戚」，「異性の友人」，「級友」などが続いていた．どちらの国の学生にとっても，家族が最も重要な内集団であり，「友人」もまた大切な内集団であった．また，「我々」の心理的な意味は何かと尋ねても，同じような回答が得られた．すなわち，どちらの国の学生も，「所属」，「親密」，「同一性」，「共通性」，「協力」，「近さ」に同意しており，「我々」の心理的意味として，感情的つながりや感情の近さを挙げているといえよう．

次に，内集団への所属がどの程度重要かを尋ねたところ，日本の学生よりも韓国の学生のほうが，内集団をより重要とみなす傾向があった．また，内集団が発展するために何が必要と思うかを尋ねたところ，表14-2にあるように，内集団のために個人的な犠牲を払ったり，内集団のメンバーを家族の一員のように扱うことを重視しているのは，韓国の学生だけであった．さらに，内集団に所属することの良い点や悪い点について尋ねてみても，韓国と日本では共通点が多いものの，韓国人の学生のほうが，内集団に所属することをより肯定的に評価しているのに対し，日本人の学生のほうは内集団に所属することに対して，より否定的な評価をする傾向が見られた．

韓国，日本，そしてカナダの学生から得られた結果をまとめると，韓国と日本の学生の「我々」観は非常によく似ているが，それらはカナダの学生の反応と大きく異なっているといえる．どの文化でも内集団の性質は似ているが，韓国や日本では個人が感情的に結び付き，内集団の団結が重要となっている．

表 14-2 韓国と日本における「我々」の心理的意味

	韓国の平均	日本の平均
両サンプルが同意する項目		
所属感	3.7	4.0
親密さ	3.8	3.4
同一性	3.6	3.7
共通性	3.3	3.6
共調	3.4	3.5
近さ	3.6	3.3
韓国のサンプルだけが同意する項目		
情	3.7	2.7
心地よさ	3.4	2.4
お互いの利益	3.4	2.8

注：5段階尺度で，3点が中点，それより上は同意，それより下は不同意を意味する．

　韓国と日本のサンプルでも，いくつか小さな違いが見られた．韓国の内集団のほうが家族的で，親密で感情的な絆がより重要であるように思われる．もちろん，日本でも家族は重要であるが，韓国と比べると，友人や趣味集団といった獲得された集団のほうがより重要な役割を果たしているように思える．

14.11　ま と め

　恨の特徴は，運命などの変えることのできない状況や悲劇の受容である．したがって，これは二次的コントロール（本書第9章参照）であると考えることができる．韓国では，儒教の教えのため，人は運命を受容しなければならず，社会も個人が苦悩を解放するための方法を見出さなければならなかった．それが本章前半で解説した恨であると考えられる．

　一方，韓国や日本といった集団主義的社会では，永続的な集団が，自分が何者かという認知や，人が達成しようとする目標の設定に，大きな影響

を与えている．すなわち，集団的同一性が自己同一性に大きく影響しているのである．そのため，個人は自分の内集団が自分そのものとなり，集団の目標と個人の目標を一致させようとする．もちろん，以上のことがすべての東アジアの人間にいえるわけではないが，欧米と比較すれば，こうした傾向がより一般的に見られるのである．

引用文献

Choi, S. C., Kim, U., & Choi, S. H. (1993). Indigenous analysis of collective representations: A Korean perspective. In U. Kim & J. W. Berry (Eds.), *Indigenous psychologies: Research and experience in cultural context*. Newbury Park, CA: Sage.

Choi, S. C., Kim, U., & Yamaguchi, S. (1995). *The Korean conception of woori ("we") and Japanese conception of wareware: A cross-indigenous analysis*. Research report, Department of Psychology, Chung-Ang University.

Kim, Y. W. (1989). *Traditional pattern of Koreans*. Seoul: Pyongminsa.

Lee, K. T. (1991). *Korean manners*. Seoul: Sinwonmoonhwasa.

15

文化間コミュニケーション

渡辺 文夫

はじめに

　文化間コミュニケーション (intercultural communication) 研究のルーツは，言語学，社会学，文化人類学，心理学である (Berry *et al.*, 1992)．ここでは，日本人の文化間対人コミュニケーションの現場に身をおきながら研究や教育的実践をしてきた4人の論点を紹介し，日本人をめぐる文化間コミュニケーションの現状を，応用言語学，組織論，文化人類学，心理学の立場から，多元的かつ全体的に探りたい．

15.1　日本人と英語母語話者，非母語話者との英語によるコミュニケーション

　応用言語学者でもあり英語教育者でもある吉田研作は，バイリンガル教育学者の J. カミンズの理論 (Cummins, 1984) と認知心理学のスキーマ理論を結び付け，日本人に対する英語教育の抜本的な変革を主張し実践してきた (吉田, 1991; 1992; 1995; 1997)．彼の主張の中核は，言語はコミュニケ

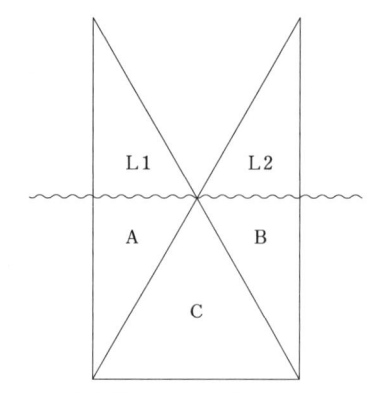

図 15-1 二重氷山のたとえ（カミンズの図の修正）
（吉田，1991 より引用）

ーションの1つであり，重要なのは，言語そのものの学習よりも，言語も含めたコミュニケーション・ストラテジー全体の学習であるということである（吉田，1995；1997）．この考え方を，初期においては，図 15-1 のようなカミンズのモデルを用い，次のように説明した．

図 15-1 で水面から上のL1とL2は2つの異なる言語，AとBはそれぞれ言語L1とL2の文化的・社会的背景，CはL1とL2のそれぞれ言語話者共通の領域を意味する．

吉田（1991）は，海外での学会発表で英語で発表ができる日本の学者が，発表の後のパーティではほとんど何も言えなくなってしまう例を挙げ，図 15-1 を次のように説明している．学会で専門領域での発表や質疑応答ができるのは，その日本人の学者が他のいろいろな国からの出席者とCの部分，つまり専門的な知識と認知過程を共有しているからであり，パーティで会話ができなくなってしまうのは，パーティのような日常会話ではAとBへの認識が問われるので，英語で専門領域での知識があっても，その

認識が充分でないからである．AとBの領域で必要なのは，社会言語学的あるいは社会語用論的知識である．

その後吉田（1992）は，スキーマを「人間が過去のさまざまな経験を基に作りだした認知的枠組みで，我々がものを認識する時にその見方を規定するもの」と定義し，Cを共通スキーマ，AとBを文化的スキーマと呼び変えて，文化間コミュニケーションの問題を論じている．国際的共通語つまり国際英語として英語を学ぶ場合には，共通スキーマを，また日常会話や政治経済についての議論では，文化的スキーマを学習する必要性を述べた．

この論考をさらに発展させ，吉田（1995; 1997）は，スキーマを「個人的」，「社会的・文化的」，「普遍的」なものの3つに区分した．文化間コミュニケーションではこれらのスキーマが，場面場面で交互に使用されるので，相手とのコミュニケーションがうまくいかないときには，その原因がどのスキーマの使用にあるのかを見定め，どのように調整するのかという能力が問われる，とした．従来，日本の英語教育では，英語を母語とする国の社会的文化的状況に合わせた会話の教育が行われてきたが，英語を母語としない人々と日本人との交流が益々盛んになる現状を考えると，このような調整能力の教育が重要になることを指摘している（吉田，1997）．日本人の自己主張性を育成するためにディベートを英語教育の中に取り入れようとする近年の傾向と吉田の見方は異なる．吉田の調整能力の教育を重視する立場は，15.4に紹介する渡辺（1989; 1991a, b; 1992; 1993）の「統合的関係調整能力」と呼応するものである．

15.2　日本人の組織における情報累積的人間関係と文化間コミュニケーション

総合商社の課長を務めた後，さまざまな企業において，経営や海外派遣

要員・帰国者研修などの企業内研修の開発研究と指導(樋口・渡辺・井上 1980 ; 井上 1980 ; 1993)を二十数年にわたって行ってきた井上正孝は,とくに欧米との比較により,企業組織における日本人を独自の視点から分析し論じた.井上の分析は,企業で働く人たちに密着した 30 年近くに及ぶ緻密な観察により,従来の欧米の文化を基に開発されてきた経営組織論や集団主義―個人主義のパラダイム,そして「送り手」と「受け手」というように独立した二者の間の情報の伝達プロセスをモデルとして考えられてきた文化間コミュニケーション論(たとえば石井,1997 の概説にあるように)とは異なる新たな視点を提起している.このような井上の視点は,欧米の組織論や経営論に基づいた日本企業論に不十分さを感じてきた企業の人材開発部門の担当者やマクロのレベルで日本人の文化間コミュニケーションの問題を捉えようとしてきた研究者から関心をもたれている.

井上(1993)の観察によれば,日本の企業においては,アメリカで開発されてきた理論に基づいたマネジメントや組織づくりは,あるときに取り入れられてもしばらくすると機能しなくなり,有名無実のものとなり霧消してしまう場合が多く見られる.その原因は,欧米的な企業では「ジョブ(職務)構造」の組織であるが,日本では「データベース構造」の組織であるためだ,という.メタフォーとして「ジョブ構造」と「データベース構造」と呼んだ井上の観察は次のようなものである.

「ジョブ構造の組織とは,そのジョブさえやれば,他はいっさいやるにおよばずという,ジョブの範囲と,それにともなう責任の所在が,言葉・契約として明確化されている組織である.単純化すれば,人が仕事を管理するのではなく,契約書に明記されている仕事の枠組みが,人を管理する組織構造である.データベース組織では,データベースにデータを入れるように,他人とのかかわりあいの中で,仕事の情報,仕事に対する納得感,組織情報,社員相互の信頼感などが,混然一体

となったデータとして，関係の中に非言語的に累積され続ける．このデータベースの累積情報の中から，各人がジョブをくみとって行動する組織である．単純化すれば，その人の持つデータベースの量と質が仕事の内容を限定する．あくまで人が仕事をつくり出し，管理している」(井上，1993)

このような井上の観察は，海外に派遣された多くの日本の企業人が，「日本では『以心伝心』，『一を聞いて十を知る』だが海外ではジョブディスクリプション（職務規定）を明確にし仕事をしなければならない」と感じることと符合する．

井上 (1993) は，さらに次のように述べている．海外のジョブ構造的組織で仕事を何年かしてきた日本人社員が，帰国後周囲の人たちからは，「自分の意見を率直に主張し，思い上がっている」ように見られたり，「つねに一言多く，周囲の人たちとのバランスを考えないで行動する，生意気な人間」と見られたり，逆に海外から帰国した人たちから日本の社員が「言いたいことがあるのに，無理して黙っているけしからんやつ」と見られるのは，構造的に違う組織であることへの理解がお互いに足りないために起こるすれ違い，と理解できる．

ジョブ構造的組織でのコミュニケーション・スタイルは，「1人ひとりが異なる自益を追及し，相反する利害を調整しつつ共存していく」価値観に基づき「言葉と論理を弾丸にして，相手と撃ちあう」．一方日本的なデータベース構造的組織では，言葉はキーワードであり，データベースを共有しあった者どうしが，キーワード（言葉）を通して非言語的なやりとりをしている．「以心伝心」「一を聞いて十を知る」というのはこのようなデータベース構造の組織でのコミュニケーション・スタイルの特徴となる．

データベース構造的組織では，「他人と同じ存在でありつづける」「いつまでもかかわりつづける」「いつまでも成長しつづける」という価値観が人

間の行動を支配する．それは「他人と同じ存在でありつづけることによって，相反する利害を調整しつつ共存していく」という価値観でもある．データベースが，共有されなかったり，共有していく意志がなかったり，壊れたりした場合には，対人的距離を取り，対立し，非集団的になる．このような状況では，自己内対話つまり自分の中で「一人相撲をするようなコミュニケーション」や「閉じこもり的」あるいは「いいたい放題的」な「離人的対人関係」が見られるようになる（山岸が日米比較の実験（Yamagishi, 1988）で明らかにした，他人同士の集団においては日本人が集団から離脱しやすい傾向と，井上が指摘しているこのような日本人の非集団性は同質ものと考えられる）．

　データベース構造的組織である日本の企業では，人事評価が長い目で行われたり，発案権が誰にでもあったり，「この会社のこの部門で，この上司や先輩や同僚の中にいたら鍛えられて，人間的にも伸び，必ず報われるという信頼感」が社員を動機づけている，と井上（1993）は見る．

　井上（1993）は，ジョブ構造的組織を前提としたトップダウンの経営論，リーダーシップ論，動機づけ論では，日本の組織は活性化しない，という．

15.3　文化間コミュニケーションのエスノグラフィー
　　　——西欧的国際組織運営と日本人

　地球環境保護の象徴として鯨がクローズアップされ，その結果反捕鯨運動が高まってきた．文化人類学者の高橋順一は，このような状況下に置かれた捕鯨に携わる人々や捕鯨の町の現状を記述してきた（高橋1987；1992a；Takahashi *et al.*, 1989）．国際捕鯨委員会にも日本政府の代表団のアドバイザーとして参加してきた高橋は，自ら出席した小委員会自体を研究のフィールドとし，日本代表団とその他の国々の代表団との相互関係や

コミュニケーションの実体をエスノグラフィー（高橋 1991；1992b；1993）として発表した．

高橋の観察によると，日本代表団において次のような状況が明らかになった（高橋，1991）．

① 英語の運用力が弱いために会議の流れを左右するオフィシャル（書記や議長など）になる機会が少ない．

② 英語を母語とする委員が行う「発話速度を速めたり，特殊な用語やイディオムを多用したり，文法的な複雑な表現を利用したり，短時間に書記が議事録を読み上げたり（文書の形で配布せずに），という音声的，語彙的，構造的，語用論的特徴を駆使したタクティックス」に効果的に対応できない．

③ 委員会を傍聴している NGO などの傍聴者にも訴えるディベート英語を使ったり，議事録の中で but, while, however, on the other hand などの接続詞の後にくる文の内容が読み手に強い印象を与えることを利用し重要な発言を議論の打切り間際に行う，という討論上の熟練度が充分でない．

④ 重要な情報や意見の交換が行われる議場外活動（食事やコーヒーブレイク，夜の自由時間での交流）で共通語として使用されるヨーロッパ言語の高度な運用ができない．

⑤ 最終的な議決の基盤となる本会議に提出される議事録採択にあたって英語の語句や内容の記述を微妙に操作し，強引に有利な方向へと引っ張ろうとする書記との駆け引きに見落としがある．

これらの現状の根底には，委員会の運営が西欧的なルールを共通の基盤としてやり取りをすることが行動の正当性や合法性をもつという前提があるのだが，それに対して日本側においては，①「語のもつ厳密な意味（literal meaning）よりは発話者の意図（intended meaning）を重視する」態

度が見られ，議事録の中の用語の選択や言語による明示化に積極的でないことや，②自らの普遍的妥当性を主張し第三者をも説得しなければならない多者間での交渉技術が充分でなく，さらに③自国代表団内の集団秩序維持のために多くの労力が使われ，重要な議場外活動ができない，という特有の文化的な障害が見られる（高橋，1991）．

また，これらの問題をさらに広い視野から見ると，国際捕鯨委員会が，1970年代前半を境として，「鯨類資源の秩序ある利用と保全」の利害の調整の場から文化的闘争の場へと変容した影響が見られる．そのような闘争の場では，会議のルールを最大限に利用したコミュニケーションのストラテジーやタクティックスが強く求められるようになった．このような歴史的文脈の変化の中で，新たな日本人のコミュニケーション・ストラテジーが問われることを高橋（1993）は指摘した．

これらの一連の高橋の研究は，国際組織の中でのコミュニケーションは，それぞれのメンバーの集団がもっている文化的特性の中で個々人のコミュニケーションが行われ，またその国際組織がどのような政治的・文化的文脈や場にあるのかによっても，各人のコミュニケーションは，影響を受けることを示している．

15.4 文化的不確定状況に対する日本人の認知的ストラテジー——技術移転の現場をめぐって

渡辺文夫（1989）は，ある大手自動車会社から発展途上国へ派遣された社員全員を対象として，任地国の生産現場で技術指導上直面する「問題」，「その原因」，「問題への対処法」，「対処した結果の評価」という4つの領域について，彼らがどのような準拠枠で認識しているのかを探った．その結果，任地国でよりよく仕事をしてきた人が，さまざまな要因の関係性とそ

れらの関係の制御を重視する認知的ストラテジーをもっていることが示され（渡辺 1989），そのようなストラテジーを実行する力を「統合的関係調整能力」と呼んだ（渡辺 1991a；1991b；1993）．

　この認知的ストラテジーは，「問題への対処法」に関しては，任地国の技能者の望まれる技能行動を形成するために，行動主義的な概念でいえば弁別刺激—行動—強化子という一連の行動と刺激の強化随伴性を制御することを重視する準拠枠と，「対処した結果の評価」に関しては，技術指導者と被指導者との相互の関係の変化を対処法の結果の評価の指標として重視する準拠枠とを1組のセットとしたものである（渡辺, 1989）．

　このようにさまざまな要因の全体的な関係性とその関係の制御を行える能力が，文化的に異なる人たちとの間で経験する不確定な状況に対処するために問われる「統合的関係調整能力」であり，そのような能力を育成するために，関係志向性を重視した教育方法やカリキュラムが必要であることを指摘した（渡辺 1991b；1992；2002）．

15.5　多元的視点から見た日本人の　　　　　文化間コミュニケーションの課題

　物理学者でもあり科学基礎論の研究者でもある柳瀬（1989）は，東洋と西洋の認識論の比較をし，西洋的な言語論理では説明しきれない命題をファジー理論や物理学，神学，哲学的考察を基に例証した．その中で，「あいまいさ」や「場」という東洋的な概念の意味とそれらが東洋的認識と西洋的認識を結び付ける可能性について論じた．柳瀬は，さらにコミュニケーションが成立しないときや物事の関係が言語論理的に説明できないときの「場」の重要性を指摘した．このような観点から，上述の4人の論点を整理すると次のようになる．

井上の論点は,「場」を共有しながらさまざまな共有的情報を組織内において累積的に積み上げていくという,外から見ると「あいまい」な人間関係が日本企業の発展を促しているのであり,そのような自分への気づきを否定的に見るのではなくそれを基盤として異なる文化圏の人々とのコミュニケーションを図るべきだ,というものである.

高橋が記述したのは,国際組織におけるコミュニケーションにおいては,そのコミュニケーションが行われている西欧的な「場」を効果的に使うコミュニケーションをするか,あるいはその「場」を新たにつくり変えるかのいずれかの抜本的ストラテジーの再構築が日本人に問われている,という問題である.

吉田と渡辺の一連の論考と研究は,これらの日本人および日本社会の文化間コミュニケーションの根本的な課題を遂行するためには,さまざまな要因の「関係を調整する能力」の育成が重要な鍵となることを示している.

引用文献

Berry, J. W., Poortinga Y. H., Segall, M. H., & Dasen, P. R. (2002). *Cross-cultural psychology* (Second Edition). Cambridge: Cambridge University Press.

Cummins, J. (1984). *Bilingualism and special education*. Clevedon: Multilingual Matters.

樋口勝也・渡辺文夫・井上正孝 (1980).「カルチャー・ショックの現場から」『季刊人類学』**11** (2), 199-222.

井上正孝 (1980).「カルチャー・ショックを和らげる――クロスカルチュラル・コミュニケーション・トレーニングの実際」星野命 (編)『カルチャー・ショック』至文堂.

井上正孝 (1993).「人はデーターベースである」同著『日本型組織の原動力』市井社.

石井敏 (1997).「文化とコミュニケーション」石井敏ほか (編)『異文化コミュニケーション・ハンドブック』有斐閣.

高橋順一 (1987).「鯨の町の町民アイデンティティーとシンボルの利用につ

いて」『民族学研究』**52** (2), 158-167.

高橋順一 (1991).「国際会議にみる日本人の異文化交渉」高橋順一・中山治・御堂岡潔・渡辺文夫（編）『異文化へのストラテジー』川島書店.

高橋順一 (1992a).『鯨の日本文化誌』淡交社.

高橋順一 (1992b).「捕鯨の国際ルール作りの持つ問題」『組織科学』**25** (4), 62-67.

高橋順一 (1993).「国際捕鯨委員会と異文化間コンフリクト」渡辺文夫（編）『異文化間コンフリクト・マネジメント』至文堂.

Takahashi, J., Kalland, A., Moeran, B., & Bestor, T. (1989). Japanese whaling culture: Continuities and diversities. *Maritime Anthropological Studies*, 105-133. 日本鯨類研究所（訳）(1990).『日本の捕鯨文化——その歴史的連続性と多様性』社会人類学的研究叢書II, 日本鯨類研究所.

渡辺文夫 (1989).「技術移転の心理学——発展途上国における技術指導への認知的方略：大手自動車会社G社での事例的研究」尾高煌之助（編）『アジアの熟練——開発と人材育成』アジア経済研究所.

渡辺文夫 (1991a).『異文化のなかの日本人——日本人は世界のかけ橋になれるか』淡交社.

渡辺文夫 (1991b).「国際人養成のための異文化への教育的ストラテジー」高橋順一・中山治・御堂岡潔・渡辺文夫（編）『異文化へのストラテジー』川島書店.

渡辺文夫 (1992).「異文化接触の心理学——文化の個人への回帰」星野命（編）『異文化関係学の現在』金子書房.

渡辺文夫 (1993).「技術移転におけるコンフリクト・マネジメント——海外での技術指導上の問題に対応するストラテジーは何か」渡辺文夫（編）『異文化間コンフリクト・マネジメント』至文堂.

渡辺文夫 (2002).『異文化と関わる心理学』サイエンス社.

Yamagishi, T. (1988). Exit from the group as an individualistic solution to the free rider problem in the United States and Japan. *Journal of Experimental Social Psychology*, **24**, 530-542.

柳瀬睦男 (1989).「非西欧的方法論の試み」鶴見和子・川田侃（編）『内発的発展論』東京大学出版会.

吉田研作 (1991).「異文化間コミュニケーションと言語の問題」高橋順一・中山治・御堂岡潔・渡辺文夫（編）『異文化へのストラテジー』川島書店.

吉田研作 (1992).「異文化教育としての英会話」渡辺文夫（編）『国際化と異文化教育』至文堂.

吉田研作 (1995).『外国人とわかりあう英語——異文化の壁をこえて』筑摩書房.

吉田研作 (1997).「異文化間コミュニケーションとしての外国語教育」鈴木佑

治・吉田研作・霜崎實・田中茂範『コミュニケーションとしての英語教育論』アルク.

索　引

あ　行

アイエンガー，S. S.　60, 63
愛着　26, 157, 159
アイデンティティー　92, 93, 96
アジア　8, 52, 88
アジア社会心理学会　11
アジア的コントロール志向　122
東洋　62, 122, 123
渥美恵美　168
アフリカ系アメリカ人　88
甘え　10, 11, 25, 26, 121, 147f, 204
アメリカ（人／社会）　2, 3, 7, 9, 25, 36,
　38, 41, 43, 45, 46, 47, 57, 62, 85, 88, 118,
　119, 120, 122, 123, 126, 128, 132, 133,
　138, 139, 140, 166, 167, 202, 203, 204,
　205, 214
安心　133, 135
安定した愛着型　157, 158, 159
イスラエル　94
依存　154, 155, 156, 157, 159, 160
一次的コントロール　117, 118, 119, 120,
　122, 123, 124, 129
一般化された肯定感情　47, 48
井上正孝　214, 215, 216, 220
意味　106, 107
因果関係　16, 17
Implicit Association Test　35
エインズワース，M. D. S.　157
エティック　25
エミック　25
エロン，L. D.　16
オイサーマン，D.　31
大澤真幸　104, 111
大渕憲一　167, 168

か　行

小此木啓吾　148
カールスミス，J. M.　6
「外界―内界図式」　110, 111
解釈によるコントロール　118
外集団　85, 86
外的妥当性　24
外的統制型（コントロール感覚）　127
外的要因への帰属　53
概念のマッチング　26
家族　57, 178, 205, 208
葛藤　163, 164, 170, 171
葛藤解決方略　165
葛藤回避傾向　118, 166, 169, 170, 171,
　172
葛藤原因　164
カナダ　7, 206, 207, 208
カミンズ，J.　211, 212
加齢　124
環境　108, 109
拡大された自己　203
関係性　51f
関係性の束　59, 60
韓国（人／社会）　30, 138, 139, 140, 193f
間人主義　30
間接コントロール　119
関与の肯定感情　47, 48
関連した自己　203, 204
起業家精神　177
疑似実験　17
北アイルランド　91, 92, 94
北山忍　30, 42, 47
規範　110
キブツ（イスラエル）　38

キム，U.　8, 9, 38
キム，Y.　138
キム・ヨンウン　195
木村敏　155
清成透子　135
均衡関係（状態）　140, 141
クック，S. W.　88
権威主義　82, 84
研究法　15f
言語　69, 211
顕在的葛藤　164
現実的集団葛藤理論　81, 82, 83, 85, 86, 87
現前　104, 105, 106, 110, 112, 113
幻想のコントロール　118
肯定感情　47
行動過程　69, 70, 74, 76
衡平性　36
ゴールドマン，A.　166
互換する身体　105, 111
互恵規範　186
個人　102, 103, 104, 111
個人間象徴過程　69, 71, 74, 76
個人差　63
個人主義　3, 8, 29f, 67, 128, 168
個人主義的社会　202
個人主義的理論　8
個人的コントロール　119
個人内象徴過程　69, 71, 76
個人の流動性戦略　87
国家的アイデンティティー　93, 94
言葉　109, 215
コミットメント関係　133, 134, 135
コミュニケーション　54, 107, 110, 112
コミュニケーション・ストラテジー　212, 218
固有文化心理学　8, 10, 25
コロック，P.　134
コントロール　156
コントロール感覚　127

コントロール主体　119
コントロールの欲求　154

さ　行

最小集団パラダイム　85, 86
再翻訳法　26
三国遺事　195
サンプソン，E. E.　3
シェリフ，M.　82, 85
自己　41f, 202
自己概念　73, 74, 75
自己カテゴリー化理論　86
自己高揚的原因帰属　52, 55
自己陶酔的個人主義　38
自己認知　45
自己卑下的原因帰属　53, 55
ジシャム，L.　75
自尊心　52, 53, 54, 57
実験計画　23
実験者のバイアス　24
実験的方法　17
実用主義　176
事物　105
社会構成主義　102, 107
社会心理学　1, 9, 10, 15, 25, 27
社会創造性戦略　87
社会的アイデンティティー　93, 96
社会的アイデンティティー理論　81, 85, 86, 87
社会的学習理論　27
社会的個人主義　38
社会的ジレンマ　136, 137, 138, 140
社会的知性　144
社会的表象　90, 91, 92, 93, 95
社会的不確実性　133, 134, 136
集合性　112, 113
集合体　101, 102, 106, 107, 108, 109, 112, 113
集合的記憶　96
従属変数　24

集団間葛藤　81, 82
集団主義　29f, 128, 140, 141, 207
集団主義的社会　168, 203, 209
集団的コントロール　121
集団的同一性　206, 210
集団の威信　87
儒教（文化）　203, 207
集合的行動　107, 108, 109
狩猟社会　32
常規　150
状況（context）　9
象徴過程　69, 70, 75
ジョブ構造（組織）　214, 215
人種差別廃止　85, 88
心性単一の仮定　9
身体　105, 106, 110, 111, 112, 113
質問紙　20
心的表象　69
信念　5
信頼　131f, 190
信頼社会　131, 135
心理的一体感の強い関係性　57, 63
垂直的個人主義　38
水平的個人主義　38
スキーマ（理論）　211, 213
ステレオタイプ　69, 72
ストレンジ・シチュエーション手続き　157
スペイン　95
性格特性　73
正規分布　21
成熟（被験者の）　18
正のフィードバック　74, 75
接触仮説　84, 85, 88
潜在的葛藤　164
相関的方法　16
測定の誤差　20, 21
相互依存主義　30
相互依存的自己理解　31
相互協調的自己（観）　42, 43, 45, 48

相互独立的自己（観）　42, 43, 45, 48
相互独立的な関係性　54, 63
相互配慮的な関係性　54, 56
装置の問題　19
争点　167
ソシオメトリー　83
西便制　196
祖父江孝男　148
ソン, J.　138

た　行

対人葛藤　163
代替的コントロール　117
代理コントロール　121
台湾　92, 93
高橋順一　216, 218, 220
竹友安彦　148, 149, 150, 151, 153
タシフェル, H.　85
他者概念　75, 76
他者認知　46
脱関与的肯定感情　47, 48
達成原因帰属　51, 61
多目標理論　167
チェ, S. C.　206, 208
チャー, J.-H.　30
チャン, W. C.　123
中国（人／社会）　36, 46, 173f, 203
超越的身体　111, 112
超越的段階（恨の）　200
直接コントロール　119, 120
情（チョン）　193, 204, 206
である規範（認知的規範）　110
データの脱落　22
データベース構造（的組織）　214, 215, 216
テストの影響　19
デフォルト（初期値）　61
土居健郎　147, 148, 149, 153, 155, 157, 160
同一化　156

同化　87
統計的回帰　20
統合的関係調整能力　219
東南アジア　134
独立変数　24
トリアンディス, H. C.　33, 36, 38, 45, 167

な 行

内在化段階（恨の）　199
内集団　36, 85, 178, 180, 181, 205, 207, 208
内集団ひいき　86
内省的段階（恨の）　200
内的妥当性　24, 27
内的統制型（コントロール感覚）　127
二次的コントロール　117, 118, 119, 122, 123, 124, 129, 209
日本（人／社会）　7, 8, 10, 25, 31, 32, 41, 43, 48, 49, 52, 57, 118, 119, 120, 128, 131, 132, 133, 138, 139, 140, 141, 144, 147, 166, 167, 168, 169, 203, 204, 207, 208, 209, 214, 215, 216, 218
日本人の行動傾向　30
日本人の自己評価　10
日本的経営　170
ニュージーランド　91, 94
人間観　68, 70, 76
認知的不協和（理論）　3, 4, 5, 7
農耕社会　32, 179

は 行

バーンランド, D. C.　166
ハイネ, S. J.　7
罰　139, 140
バリー, H.　32
バローン, J. L.　5
恨（ハン）　193f
バンデュラ, A.　27
反応段階（恨の）　198

ピアジェ, J.　205
比較文化的研究　25
ヒストリー　18, 23
表象　82, 89, 90
平等性　36, 38
ヒルトン, D. J.　90
廣松渉　103
不安定な愛着型　157, 159
フィリップ, D. P.　17, 18
風景的世界　104, 105
フェスティンガー, L.　3, 6
フロイト, S.　205
ブロック, T. C.　5
雰囲気　110
文化間コミュニケーション　211f
文化心理学　8, 9, 10, 42, 167
文化的準拠枠　42
文化的人間観　70, 74, 75
文化の再生産　68, 76
文化の力学　76
分節肢　105, 106, 107, 110
べし規範（価値的規範）　110, 111
ペルツェル（Pelzel）, J.　148
ペン, K.　46
変形段階（恨の）　199
報酬　34, 36, 48, 85
母子（関係）　59, 62, 63, 148, 155, 157, 205
ホフステッド, G.　31, 67

ま 行

マーカス, H. R.　30, 42, 73
マクドゥーガル, W.　2
面子（ミェンツー）　181, 184, 187, 191
無縁圏　109, 112
村本由紀子　53, 55, 56, 57
メリット, A.　31
「もの」的環境　109
モリス, M.　46

や 行

役割志向的動機　48
柳瀬睦男　219
山岸俊男　133, 135, 216
山口勧　26, 33, 34, 36, 53, 57, 127, 128, 150, 151
融通性（中国人の）　175, 176
優勢な関係性　58
要求特性　24
予言の自己成就　59, 74
吉田研作　211, 212, 220
予測的コントロール　117

ら 行

ライフ・タスク　43, 44
「らしさ」　49
ランガー, J. E.　127
リー・キューテ　195

梁（リャン）　181, 182, 185, 187, 191
リュー, J. H.　93
倫理的配慮　27
レインズ, J. P.　23, 24, 25
レウン, K.　36
レーマン, D. R.　7
歴史　89, 90, 91, 93, 94, 95, 96
レッパー, M.　61, 63
レビン, K.　2
レブラ (Lebra), T. S.　54, 57
ローゼンタール, R.　74
ロスバウム, F.　157, 159
ロッター, J. B.　127

わ 行

ワイツ, J. R.　117, 118, 119, 122, 125
渡辺文夫　218, 220
我々 (we group／ウリ)　206, 208

編者紹介

山口　勧（やまぐち・すすむ）
1952年うまれ．東京大学人文科学研究科博士課程修了．放送大学助教授等を経て現在東京大学大学院人文社会系研究科教授．主要著書に『現代社会心理学』（分担執筆，東京大学出版会，1998年）など．

執筆者一覧［五十音順］

井上ゆみ（いのうえ・ゆみ）　香港中文大学文学部

大渕憲一（おおぶち・けんいち）　東北大学大学院文学研究科

嘉志摩佳久（かしま・よしひさ）　豪・メルボルン大学心理学部

北山　忍（きたやま・しのぶ）　京都大学大学院人間・環境学研究科

金　義哲（キム・ウィチョル Kim, Uichol）　韓国・中央大学校心理学科

杉万俊夫（すぎまん・としお）　京都大学大学院人間・環境学研究科

村本由紀子（むらもと・ゆきこ）　岡山大学文学部

山岸俊男（やまぎし・としお）　北海道大学大学院文学研究科

山口　勧（やまぐち・すすむ）　東京大学大学院人文社会系研究科［編者］

リュー，ジェームズ（Liu, James）　ニュージーランド・ヴィクトリア大学心理学部

梁　覚（レウン・クオック Leung, Kwok）　香港城市大学商学部

渡辺文夫（わたなべ・ふみお）　上智大学文学部

社会心理学──アジアからのアプローチ
2003年5月20日　初　版

［検印廃止］

編　者　山口　勧
発行所　財団法人　東京大学出版会
　　　　代 表 者　五味文彦
　　　　113-8654 東京都文京区本郷 7-3-1
　　　　電話 03-3811-8814・振替 00160-6-59964
印刷所　株式会社精興社
製本所　株式会社島崎製本

© 2003 Susumu YAMAGUCHI, Editor
ISBN 4-13-012037-9　Printed in Japan

Ⓡ〈日本複写権センター委託出版物〉
本書の全部または一部を無断で複写複製（コピー）することは，著作権法上での例外を除き，禁じられています．本書からの複写を希望される場合は，日本複写権センター（03-3401-2382）にご連絡ください．

末永俊郎 編	社会心理学研究入門	A5・2900円
末永俊郎 安藤清志 編	現代社会心理学	A5・3000円
柏木 北山・東 編	文化心理学 理論と実証	A5・4500円
山岸俊男 著	信頼の構造 こころと社会の進化ゲーム	A5・3200円
池田謙一 村田光二 著	こころと社会	4/6・2500円
梶田叡一 著	自己意識の心理学 [第2版]	4/6・1900円
池田謙一 編	ネットワーキング・コミュニティ	A5・3000円
池田謙一 著	緊急時の情報処理 認知科学選書9	4/6・2900円
小橋康章 著	決定を支援する 認知科学選書18	4/6・2700円
戸田正直 著	感 情 認知科学選書24	4/6・2800円
中村陽吉 著	対人場面の心理	4/6・2400円
中村陽吉 編	「自己過程」の社会心理学	A5・3800円
坂本真士 著	自己注目と抑うつの社会心理学	A5・3500円
佐伯胖 著	「きめ方」の論理	4/6・2500円
佐伯胖 佐々木正人 編	アクティブ・マインド	4/6・2800円
柏木恵子 著	家族心理学	A5・3200円

ここに表示された価格は本体価格です．御購入の際には消費税が加算されますので御了承下さい．